郑州研究院丛书

主 编：蔡昉

副主编：郑秉文 严波 夏扬 倪鹏飞

二七精神与历史价值研究

Jing-Han Railway Movement's Spirit
and Historical Significance

张树华 孙华 冯钺 等 著

经济管理出版社

ECONOMY & MANAGEMENT PUBLISHING HOUSE

图书在版编目（CIP）数据

二七精神与历史价值研究/张树华等著.—北京：经济管理出版社，2023.2

ISBN 978-7-5096-9052-9

Ⅰ.①二…　Ⅱ.①张…　Ⅲ.①革命传统教育—中国—学习参考资料　Ⅳ.①D642

中国国家版本馆 CIP 数据核字（2023）第 093978 号

组稿编辑：高　娅

责任编辑：高　娅　张玉珠

责任印制：黄章平

责任校对：蔡晓臻

出版发行：经济管理出版社

　　　　　（北京市海淀区北蜂窝 8 号中雅大厦 A 座 11 层　100038）

网　　　址：www. E-mp. com. cn

电　　　话：（010）51915602

印　　　刷：北京虎彩文化传播有限公司

经　　　销：新华书店

开　　　本：720mm×1000mm/16

印　　　张：10. 25

字　　　数：158 千字

版　　　次：2023 年 2 月第 1 版　　2023 年 2 月第 1 次印刷

书　　　号：ISBN 978-7-5096-9052-9

定　　　价：78. 00 元

丛书总序

新时代呼唤新的郑州改革研究成果

郑州市是中华文明核心发祥地，是中国八大古都之一。拥有 8000 年的裴李岗文化遗址、6000 年的大河村文化遗址、5000 年的中华人文始祖黄帝故里、3600 年的商朝都城遗址。继承先辈筚路蓝缕的开创精神，随着中原经济区、郑州航空港经济综合实验区、中国（河南）自贸试验区、国家自主创新示范区等国家战略规划和平台相继布局，郑州市的政策叠加优势更加明显。特别是国家明确提出支持郑州建设国家中心城市，郑州市的发展站在了新的历史起点上，开启了向全国乃至全球城市体系中更高层级城市迈进的新历程。

中国社会科学院是党中央直接领导、国务院直属的国家哲学社会科学研究的最高学术机构和综合研究中心，是党中央国务院的思想库和智囊团、哲学社会科学的最高殿堂、马克思主义理论研究的坚实阵地。中国社会科学院学科齐全、人才济济，拥有一大批人文社会科学领域的顶尖专家和领军人物。正值郑州市国家中心城市建设谋篇开局的关键时期，中国社会科学院领导和河南省、郑州市领导高屋建瓴、审时度势，提出了共同合作的战略意向。2017 年 9 月 15 日，中国社会科学院与郑州市人民政府签订《战略合作框架协议》，双方决定共同成立"中国社会科学院郑州市人民政府郑州研究院"（以下简称"郑州研究院"），标志着双方的战略合作进入新阶段，必将对郑州经济社会发展提供有力的智力支持和人才支撑。双方围绕郑州国家中心城市建设，进一步拓展合作领域，提升合作层次，不断推动双方合作向更高层次、更宽领域迈进。习近平总书记深刻指出，幸福都是奋斗出来的！衷心祝愿郑州研究院在双方的共同努力下，秉持奋斗理念，勇于开拓创新，积极融入郑州国家中心城市建设乃至中原城市群发展，努力开创新时代国家智库与地方实际工作部门合作的新局面！

伟大的社会变革必然产生出无愧于时代的先进理论。郑州研究院丛书的出版是在郑州市人民政府提供优质的政务服务，郑州市发展和改革委员会为郑州研究院的发展保驾护航的大背景下产生的。无比丰富的改革实践为科学正确的改革理论提供了丰厚的土壤。中原崛起，中华崛起，实现中华民族伟大复兴的中国梦，这些伟大斗争、伟大工程、伟大事业、伟大梦想，激励着我们更加实干兴邦，推动着郑州沿着原始文明、农业文明、工业文明、生态文明的历史进程，不断改造、变革与提升。这次，特地将郑州研究院的最新研究成果汇集成册，按年度陆续出版系列郑州研究院丛书。这套丛书的出版，对于加强郑州市改革的理论研究和舆论宣传，对于加快和深化经济文化体制的全面改革，无疑是一个很大的推动和促进。当然，任何理论都要经受历史和实践的检验。这套丛书中的许多理论观点，也需要在实践中不断充实、发展和完善。但是，这毕竟是一个良好的开端。我们希望，郑州研究院丛书中的许多一家之言和一得之见，能够迎来郑州市改革理论研究百花齐放、百家争鸣的新局面。

一花引来万花开。又一个姹紫嫣红、百花争艳的春天到了。祝愿郑州市改革的历程，展现在人们面前的是一幅绚丽多彩的图景：不仅实践繁花似锦、争奇斗艳，而且理论之光璀璨夺目、熠熠生辉。在这改革的年代，不仅实践之林根深叶茂，理论之树也四季常青。祝愿郑州市改革灿烂的实践之花，在新时代结出丰硕的理论之果。

是为序。

全国人大常委会委员、全国人大农业与农村委员会副主任委员
中国社会科学院副院长、郑州研究院院长

2018 年春，于北京

序

2023 年 2 月 7 日，是中共党史、中国革命史、中国工人运动史上著名的京汉铁路工人大罢工纪念日和二七惨案 100 周年。为了贯彻习近平总书记关于加强党史教育、弘扬光荣传统、赓续红色血脉、传承红色基因的指示精神，纪念二七大罢工 100 周年，中国社会科学院郑州市人民政府郑州研究院，于 2022 年确立了"二七精神的历史内涵与时代价值"的课题，并由中国社会科学院政治学研究所担纲，我认为完全必要，正当其时，不仅具有重要的学术和历史意义，也具有重要的政治和现实意义。

在建党 100 周年前夕，以习近平同志为核心的党中央组织开展了全党党史学习教育活动，要求普及党史知识，推动党史学习教育深入群众、深入基层、深入人心，精心组织党史主题出版物的出版发行，着力讲好党的故事、革命的故事、英雄的故事，并且要求党史教育常态化。二七大罢工是我们党成立后掀起的第一个工人运动高潮的终点，涌现了以林祥谦、施洋烈士为代表的众多英雄人物，显示了中国工人阶级的高度组织性和强大力量，也积累了血的经验教训，是党史教育的生动教材。前些年在历史虚无主义思潮猖獗的情况下，有人叫嚣要拆除郑州的二七纪念塔，更改北京二七剧场的名称，其目的就是为了否定工人运动，篡改党史、革命史，抹杀人们的历史记忆，搞乱人的思想，颠倒是非观念。因此，进行"二七精神历史内涵与时代价值"的课题研究，是对党中央开展党史学习教育号召的积极响应，也是对历史虚无主义思潮的有力反击，是值得充分肯定和大加赞扬的。

中国共产党在长期奋斗中构建起了中国共产党人的精神谱系，这是习近平总书记提出的。二七精神虽然没有被纳入中宣部公布的第一批精神谱系名录之中，但它的精神，无疑是党的精神谱系的组成部分。二七大罢工时，全党仅有 200 多个党员，之所以能在长达 1000 千米的京汉铁路沿线，在 3 小时之内就有条不紊地组织起 3 万工人举行总同盟罢工，主要就是因为党的革命主张符合工人群众的根本利益，共产党人的革命精神对广大工人具有巨大的感召力。今天，工人阶级已经翻身做了国家的主人，我们的主要任务也已经由革命斗争转变为进行中国特色社会主义建设。但党的工人阶级先锋队的性质并没有变，党与人民群众密切联系、全心全意为人民服务、为共产主义理想奋斗的革命精神和面对困难面对敌人毫不畏惧、敢于斗争的精神绝不能丢。习近平总书记反复强调"革命理想高于天"，要求"不要忘记我们是革命者"，并针对曾经流行一时的"我们党要由革命党转变为执政党"的谬论指出："马克思主义认为，社会革命以生产力和生产关系的矛盾运动为基础，不仅仅是一种破除旧的政治上层建筑的社会运动，更是一种新的社会建设运动。我们党是马克思主义执政党，但同时是马克思主义革命党，要保持过去革命战争时期的那么一股劲、那么一股革命热情、那么一种拼命精神，把革命工作做到底。"进行"二七精神历史内涵与时代价值"的课题研究，与习近平总书记的以上论述精神是完全一致的。

我国《宪法》规定："中华人民共和国是工人阶级领导的、以工农联盟为基础的人民民主专政的社会主义国家。""社会主义制度是中华人民共和国的根本制度。中国共产党领导是中国特色社会主义最本质的特征。"《党章》规定："中国共产党是中国工人阶级的先锋队。""党的最高理想和最终目标是实现共产主义。"改革开放后，有人一度提出工人阶级已经不是先进生产力的代表，鼓吹要把党的名字由共产党改为社会党。然而，党的全部历史，包括"二七精神的历史内涵与时代价值"课题研究都雄辩地说明，在中国社会各阶级各阶层中，工人阶级是最有觉悟、组织纪律性和革命性最彻底、胸怀最宽广、战斗力最强的阶级。他们不仅在蒸汽机、电气化时代与先进生产力相联系，在信息化、智能化时代仍然与先进生产力相联系。今天中国的 8 亿多职工和其中的 2 亿多产业工人，不仅是传统产业的主力军，也是现代产业的主力军。那种贬低工人阶级、改变党的工人阶级政党性质的论调，是完全站不住脚的。党的十八大以来，习近平总书记在不同场合多次强调，要"巩固党执政的阶级基础和群众基础"。这里说的阶级，当然是工人阶级。在党的二十大上，他再次强调，要"全心全意依靠工人阶级，健全以职工代表大会为基本形式的企事业单位民主管理制度，维护职工合法权益。"这些论述告诉我们，任何时候都不要忘记我们党是工人阶级的政党，我们国家是工人阶级领导的国家，工人阶级是我们的领导阶级。人民至上，首先是工人阶级至上；以人民为中心，首先要以工人阶级为中心。

现在，中华人民共和国已经成立了70多年，中国的国民生产总值已经跃居世界第二位，中华民族伟大复兴的目标已经比历史上任何时期都更为接近。所有这一切都是建立在包括二七大罢工先驱们在内的无数革命烈士们，前赴后继奋斗牺牲基础之上的。习近平总书记指出："一切向前走，都不能忘记走过的路；走得再远、走到再光辉的未来，也不能忘记走过的过去，不能忘记为什么出发。"我理解，中国社会科学院郑州市人民政府郑州研究院之所以确立、政治学研究所之所以承担"二七精神的历史内涵和时代价值"的课题，就是为了运用红色资源，引导人们不忘我们走过的路，不忘为什么出发，在以习近平同志为核心的党中央领导下，把全面建设社会主义现代化国家和中华民族伟大复兴的事业继续推向前进。

中华人民共和国国史学会会长
中国社会科学院原副院长
朱佳木
2023 年 2 月

目　录

绪 论

在庆祝中国共产党成立一百周年大会上，习近平总书记指出："一百年来，中国共产党弘扬伟大建党精神，在长期奋斗中构建起中国共产党人的精神谱系，锤炼出鲜明的政治品格。"2021 年 9 月，党中央批准了中央宣传部梳理的第一批纳入中国共产党人精神谱系的伟大精神，在中华人民共和国成立 72 周年之际予以发布。中国共产党人的伟大精神激励和鼓舞了全国人民在全面建设社会主义现代化国家道路上踔厉奋发、勇毅前行。

2023 年 2 月 7 日，是中国共产党领导的二七大罢工（京汉铁路工人大罢工）一百周年。习近平总书记十分重视二七大罢工的重要意义。2019 年 9 月，习近平总书记在河南考察时专门对二七大罢工和河南系列革命英雄历史做出了重要指示，"了解历史，才能看得远；永葆初心，才能走得远""二七大罢工影响深远，大别山'二十八年红旗不倒'""焦裕禄精神、红旗渠精神、大别山精神等都是我们党的宝贵精神财富"。① 习近平总书记在这里明确指出，"二七大罢工影响深远"，二七精神是"我们党的宝贵精神财富"。

2022 年 10 月，习近平总书记在党的二十大胜利闭幕后来到陕西延安、河南安阳两地考察。10 月 28 日，习近平总书记在河南安阳考察时指出："红旗渠精神同延安精神是一脉相承的，是中华民族不可磨灭的历史记忆，永远震撼人心。""实现第二个百年奋斗目标也就是一两代人的事，我们正逢其时、不可辜负，要作出我们这一代的贡献。红旗渠

① 习近平. 论中国共产党历史［M］. 北京：中央文献出版社，2021.

精神永在！"① 二七精神同延安精神、红旗渠精神一样，都是中国共产党人的伟大精神，有着共同的渊源和本质、共同的原则和宗旨、共同的理想和特征，鼓舞全体人民沿着正确方向，同心同德，埋头苦干，形成同心圆，共筑中国梦。

一百年来，以二七大罢工为起点形成的"紧跟党走，敢于斗争，团结奉献，勇当先锋"的二七精神，千锤百炼，历久弥坚。二七精神高度契合党的性质、宗旨、任务和习近平总书记的指示要求，不仅生动地反映了百年来中国铁路工人的精神风貌，更深刻地体现了中国工人阶级的本质特征。二七精神是中国共产党人伟大精神的重要组成部分。

一、二七精神的历史内涵与时代彰显

发端于郑州的二七大罢工，以争取成立京汉铁路总工会为目的，② 在北起长辛店，南至汉口，纵贯京汉铁路全线 1200 余千米的广大范围内，铁路工人在中国共产党的领导下与封建反动军阀进行了英勇斗争。二七大罢工是中国工人运动第一次高潮中规模最大、范围最广、影响最深的一次罢工。二七精神紧紧围绕中国共产党人的初心使命，以实现中华民族复兴大业为历史目标，体现党的工人阶级先锋队性质和党的阶级基础政治地位。二七精神与党的精神谱系中的其他精神一样，都是中国共产党人在长期革命、建设、改革进程中，用牺牲和奉献、经验和智慧凝练出来的宝贵精神财富。

"紧跟党走"始终引导工人阶级的政治方向。二七大罢工时，中国共产党建立仅一年多，力量并不强大。当时的中国饱受列强欺侮，国内外各种政治思潮、主义影响着工人阶级，各种政治力量也竞相拉拢工人阶级。以京汉铁路工人为代表的中国工人阶级坚定地选择了中国共产党，接受了中国共产党的领导。从那时起到现在的一百多年来，中国工人阶级始终坚定地团结在中国共产党周围，始终听党指挥，紧跟党走，不断为党输送新鲜血液，团结和带动了更多人向往和加入中国共产党，

---

① 习近平．红旗渠精神同延安精神一脉相承，永远震撼人心［EB/OL］．中国新闻网，https：//www.chinanews.com/gn/2022/11-02/9885317.shtml，2022-11-02.

② 中国党史和文献研究院．中国共产党简史［M］．北京：人民出版社，2021.

铸牢了党的阶级基础和群众基础，为党和人民的事业做出了巨大贡献。工人阶级紧跟党走，党也紧紧依靠工人阶级。习近平总书记在党的二十大报告中指出，要"全心全意依靠工人阶级"。① 在中华民族伟大复兴新征程中，中国工人阶级依然会矢志不渝、紧跟党走。

"敢于斗争"深刻体现了工人阶级的坚定品格。20 世纪 20 年代初，中国工人阶级在中国共产党的领导下刚刚登上历史舞台，虽处在相对稚嫩的自在时期，但已是中国共产党领导人民进行革命的中坚力量。作为当时中国工人阶级中最有组织性、纪律性、战斗性的铁路工人，在官僚资产阶级、封建军阀等反动势力的极端压迫和残酷镇压下，表现出了最坚决的革命性，他们敢于斗争、勇于碰硬，做出了重大贡献。二七大罢工中，京汉铁路工会法律顾问、共产党员施洋被杀害时，身中三弹仍三呼"劳工万岁"。② 大罢工后，党总结罢工的经验教训，更广泛地深入发动群众，逐步形成了以工人阶级为领导的、以工农联盟为基础的政治格局，建立了保卫人民根本利益的武装力量，直至夺取革命胜利。

中华人民共和国成立后，翻身做了主人的工人阶级以改天换地、移山倒海、上天入地、摘星揽月的奋斗精神投入社会主义革命、建设和改革的大潮中去。在一穷二白、基础落后、遭遇封锁的情况下，自力更生、艰苦奋斗，建成了独立的比较完整的社会主义工业体系和国民经济体系，为初步实现工业化和社会主义现代化事业做出了不可替代的决定性贡献。在新征程新阶段，中国工人阶级不但敢于斗争，而且善于斗争，将继续做好主力军，团结广大劳动人民全身心投入中国式现代化的伟大事业中去。

"团结奉献"生动地反映了工人阶级的鲜明特点。近代以来，由于外国列强的入侵和封建统治的腐朽，中国错失了工业革命的机遇，大幅落后于时代前进的步伐，中华民族遭受了前所未有的苦难。为改变工人阶级及广大劳动人民的悲惨命运和我国积贫积弱的落后局面，在党的领导下，京汉铁路工人紧密团结在一起，不怕牺牲、英勇斗争，为争取劳工权利做出了重要贡献，为党更加有策略地领导工人运动，掀起全国规模的大革命准备了一定的条件。

① 习近平. 高举中国特色社会主义伟大旗帜　为全面建设社会主义现代化国家而团结奋斗［N］. 人民日报，2022-10-26（001）.
② 中国党史和文献研究院. 中国共产党简史［M］. 北京：人民出版社，2021.

在革命战争时期，工人阶级加紧生产、支援前线，为夺取革命胜利创造了坚实的物质条件；在社会主义革命、建设和改革事业中，工人阶级奔向祖国的四面八方，创造出一个个人间奇迹。长期以来，工人阶级在党的领导下始终以实现民族独立、人民解放和国家富强、人民幸福为目标，推动中华民族伟大复兴向前迈出新的一大步，实现了从大幅落后于时代到大踏步赶上时代的新跨越。

习近平总书记指出："实现中华民族伟大复兴的中国梦，根本上要靠包括工人阶级在内的全体人民的劳动、创造、奉献。"① 在新时代，我国工人阶级和广大劳动群众将"更加紧密地团结在党中央周围，勤奋劳动、扎实工作，锐意进取、勇于创造，在实现'两个一百年'奋斗目标的伟大征程上再创新的业绩"。②

"勇当先锋"准确地彰显了工人阶级的本质特征。工人阶级是先进生产力和生产关系的代表，是坚持和发展中国特色社会主义的主力军。从走上历史舞台的那一天起，中国共产党领导的工人阶级始终最富先进性和创造性，时刻与最先进的生产方式紧密相联。二七大罢工中，代表着先进生产力的京汉铁路工人勇当开路先锋，用斗争、牺牲唤起和逐步铸牢了广大劳工的阶级意识，引领工人阶级更加紧密地团结在中国共产党周围，推动党的自身建设不断加强。从那时起，到社会主义革命和建设时期、改革开放时期，全面建设社会主义现代化国家、向第二个百年奋斗目标进军的关键时刻，工人阶级始终是实现中华民族伟大复兴历史进程大跨越的排头兵。

2014年5月，习近平总书记在河南考察中铁工程装备集团有限公司时首次提出推动"中国制造向中国创造转变、中国速度向中国质量转变、中国产品向中国品牌转变"，为推动我国产业结构优化升级、中国制造高质量发展、打造中国品牌指明了方向。在日益激烈的新一轮科技革命和产业变革浪潮中，工人阶级是推进和实现"三个转变"最富创造性的主力军。新时代新征程道路上的工人阶级勤于创造、勇于奋

---

① 习近平总书记谈劳动［EB/OL］. 求是网. http://www.qstheory.cn/zhuanqu/2022-05/01/c_1128613817.htm, 2022-05-01.

② 习近平. 在庆祝"五一"国际劳动节暨表彰全国劳动模范和先进工作者大会上的讲话［N］. 人民日报, 2015-04-29（002）.

斗，全力推进"三个转变"，展示锐意创新的勇气、敢为人先的锐气、蓬勃向上的朝气，更好发挥着主力军的引领作用，继续勇当先锋。

一百年来，工人阶级"紧跟党走"，开启了中华民族伟大复兴的正确方向；

一百年来，工人阶级"敢于斗争"，铸就了中国革命和建设的雄浑力量；

一百年来，工人阶级"团结奉献"，开创了国家富强、社会进步的人间奇迹；

一百年来，工人阶级"勇当先锋"，自信自强，守正创新，以辛勤劳动托起中国梦！

国家的富强、社会的进步、民族的振兴，不仅要靠生产力的发展和物质财富的创造，也要靠先进思想和崇高精神的引领。二七精神既是工人阶级先锋队作用的准确写照，也体现着党的宗旨和鲜明特色，激励着跨入新时代、踏上新征程的全体人民在中国共产党的带领下不断争取更大的胜利。

二、学习二七精神是丰富中国共产党人伟大精神的时代要求

在党领导人民进行革命、建设和改革的百年征程中，形成了体现中国共产党人牺牲、奋斗、奉献等特点的伟大精神。在全党全社会大力弘扬伟大建党精神的背景下，深入研究、丰富和宣传中国共产党人精神谱系，有利于更好地激励全体人民继承光荣革命传统、赓续红色血脉，不断增强"四个意识"，坚定"四个自信"，做到"两个维护"，为实现中华民族伟大复兴凝聚起奋勇前进的强大精神力量。

第一批纳入中国共产党人精神谱系的伟大精神有 46 种，其中新民主主义革命时期的伟大精神包括建党精神、井冈山精神、苏区精神、长征精神、遵义会议精神、延安精神、抗战精神、红岩精神、西柏坡精神、照金精神、东北抗联精神、南泥湾精神、太行精神（吕梁精神）、大别山精神、沂蒙精神、老区精神、张思德精神；社会主义革命和建设时期的伟大精神包括抗美援朝精神、"两弹一星"精神、雷锋精神、焦裕禄精神、大庆精神（铁人精神）、红旗渠精神、北大荒精神、塞罕坝精神、"两路"精神、老西藏精神（孔繁森精神）、西迁精神、王杰精神；改革开放和社会主义现代化建设时期的伟大精神包括改革开放精神、特区精神、抗洪精神、抗击"非典"精神、抗震救灾精神、载人航天精神、劳模精神（劳动精神、工匠精神）、青藏铁路精神、女排精神；新时代中国特色社会主义时期的伟大精神包括脱贫攻坚精神、抗疫精神、"三牛"精神、科学家精神、企业家精神、探月精神、新时代北斗精神、丝路精神。

四个历史时期的中国共产党人伟大精神集中彰显了百年来党领导中国人民形成的伟大创造精神、伟大奋斗精神、伟大团结精神、伟大梦想精神；集中彰显了一代又一代中国共产党人"为有牺牲多壮志，敢教日月换新天"的鲜明奋斗品格。"这些宝贵精神财富跨越时空、历久弥新，集中体现了党的坚定信念、根本宗旨、优良作风，凝聚着中国共产党人艰苦奋斗、牺牲奉献、开拓进取的伟大品格，深深融入我们党、国家、民族、人民的血脉之中，为我们立党兴党强党提供了丰厚滋养。"①

新民主主义革命时期是中国共产党人伟大精神形成和发展的重要历史时期。这一时期，中国共产党建立，工人运动风起云涌，工人阶级有了先锋队。从目前发布的第一批中国共产党人伟大精神来看，新民主主义革命时期的 17 种伟大精神中，缺少一个直接体现工人阶级革命精神的具象化载体。

这一时期，中国共产党广泛地组织、发动工人运动和农民运动，培养、启发、巩固和加强工人阶级的阶级自觉性，希望通过斗争改变工人阶级和广大劳动人民的悲惨命运。发动工人运动是中国共产党建立初期最鲜明的特征，这一时期应当有一个代表工人阶级的精神。二七大罢工是当时中国共产党领导一系列工人运动达到高潮的顶点。京汉铁路总工会江岸分工会委员长、共产党员林祥谦是目前有据可查的中国共产党的第一位烈士。在二七大罢工基础上形成的二七精神是中国共产党性质、宗旨、品格等的综合体现，是新民主主义革命时期中国工人阶级精神的优秀代表。因此，深入研究二七精神对精神谱系的丰富和完善具有里程碑式的意义。

---

① 齐彪. 深刻理解和把握以伟大建党精神为源头的精神谱系［N］. 光明日报，2022-03-25（011）.

三、学习二七精神，深入了解和巩固党的阶级基础

中国共产党建立在马克思列宁主义同中国工人运动的紧密结合中，工人阶级始终发挥着党的阶级基础的根本作用。《中共中央关于党的百年奋斗重大成就和历史经验的决议》指出："在马克思列宁主义同中国工人运动的紧密结合中，一九二一年七月中国共产党应运而生。中国产生了共产党，这是开天辟地的大事变，中国革命的面貌从此焕然一新。"有了中国共产党的领导，中国工人运动的面貌也焕然一新。

革命初期，由于敌人的力量还很强大，二七大罢工在残酷镇压下失败了，中国的工人运动进入低潮。但二七大罢工对我党总结经验、进一步发动群众、建立更广泛的革命联盟、铸牢党的阶级基础、加强党的建设和开展武装斗争准备有着重要的推动和启示作用。正因为紧紧依靠工人阶级，紧密团结广大劳动人民，与人民同甘共苦，站在最广大人民之中，中国共产党才永远立于不败之地，领导人民取得了新民主主义革命的胜利，建立了社会主义国家，在新时代征程的道路上勇毅前行。

习近平总书记在参加党的二十大广西代表团讨论时强调："工人阶级的阶级基础扩大了。现在，知识分子也是工人阶级的一部分，是靠劳动致富的。百年前的工人，是受剥削最严重的，也是在中国革命中最英勇的。"① 二七大罢工中，京汉铁路工人的英勇斗争在当时的工人运动中最为突出和耀眼，他们的牺牲奉献永远镌刻在中国共产党人伟大精神当中。

关于党的阶级基础问题，习近平总书记曾多次指出，我国工人阶级是我们党最坚实最可靠的阶级基础，我国工人阶级从来都具有走在时代前列、勇挑重担的光荣传统，我国工人运动从来都同党的中心任务紧密联系在一起。在当代中国，工人阶级和广大劳动群众始终是推动我国经济社会发展、维护社会安定团结的根本力量。那种无视我国工人阶级成长进步的观点，那种无视我国工人阶级主力军作用的观点，那种以为科技进步条件下工人阶级越来越无足轻重的观点，都是错误的、有害的。

---

① "既是最难的，也是最伟大的"（微镜头·习近平总书记参加党的二十大广西代表团讨论）［N］．人民日报，2022-10-18（001）．

不论时代怎样变迁，不论社会怎样变化，我们党全心全意依靠工人阶级的根本方针都不能忘记、不能淡化，我国工人阶级地位和作用都不容动摇、不容忽视。①

《中国共产党章程》和《中华人民共和国宪法》对工人阶级的地位和领导作用有明确阐释与定位。《中国共产党章程》总纲第一句话指出："中国共产党是工人阶级的先锋队，同时是中国人民和中华民族的先锋队，是中国特色社会主义事业的领导核心，代表中国先进生产力的发展要求，代表中国先进文化的前进方向，代表中国最广大人民的根本利益。"《中华人民共和国宪法》总纲第一条明确规定："中华人民共和国是工人阶级领导的、以工农联盟为基础的人民民主专政的社会主义国家。"党章说明工人阶级是中国共产党的阶级基础；宪法规定工人阶级是我国的领导阶级，在国家中发挥领导作用。

研究、传承二七精神有利于丰富中国共产党人伟大精神，有利于鼓舞包括工人阶级在内的全体劳动人民的斗志，进一步巩固党的阶级基础和工农联盟的政治基础。

四、学习二七精神，牢牢把握工人阶级先锋队性质

习近平总书记指出："一九二一年中国共产党应运而生。从此，中国人民谋求民族独立、人民解放和国家富强、人民幸福的斗争就有了主心骨，中国人民就从精神上由被动转为主动。"② 以二七大罢工为代表的中国工人运动第一次高潮是在党的领导和组织下取得的，"显示出中国工人阶级坚定的革命性和坚强的战斗力，扩大了中国共产党在全国的政治影响"。③

一百年来，在中国工人阶级先锋队的领导下，中国人民经过艰苦卓绝的斗争，推翻了长期压迫在中国人民头上的帝国主义、封建主义、官僚资本主义三座大山，翻身做了国家的主人。在社会主义革命和建设时

---

① 习近平. 在庆祝"五一"国际劳动节暨表彰全国劳动模范和先进工作者大会上的讲话 [N]. 人民日报，2015-04-29（002）.

② 习近平. 新时代中国共产党的历史使命 [J]. 中国新闻发布（实务版），2022（10）：3-6.

③ 中国党史和文献研究院. 中国共产党简史 [M]. 北京：人民出版社，2021.

期，工人阶级和全体劳动人民扬眉吐气，在"一化三改""鞍钢宪法"等路线、做法、经验的引领和督促下，建立起独立的比较完整的工业体系和国民经济体系，社会主义工业成为整个国民经济中有决定意义的领导力量，初步改变了近代以来我国的落后面貌。

在改革开放和社会主义现代化建设时期，工人阶级始终站在改革开放最前沿，用实际行动支持改革，以高度的主人翁精神和历史责任感投身国家现代化建设，是推动改革开放的生力军。在改革、发展过程中，工人阶级勇于自我革命，甘于奉献，成为推进改革和维护社会稳定的重要力量。

历史赋予工人阶级和广大劳动群众伟大而艰巨的使命，时代召唤工人阶级和广大劳动群众谱写壮丽而崭新的篇章。进入新时代以来，工人阶级遵循习近平总书记关于推动"三个转变"的重要指示，胸怀"两个大局"、心系"国之大者"，主动引领新一轮科技革命，推动产业变革，大力弘扬劳模精神和工匠精神，努力将自身打造成一支知识型、技能型、创新型的宏大的高素质劳动者大军，成为践行习近平新时代中国特色社会主义经济思想的排头兵。

在党的二十大报告中，习近平总书记要求"以中国式现代化推进中华民族伟大复兴"。① 习近平总书记在参加党的二十大广西代表团讨论时指出："中国式现代化是人口规模巨大的现代化，我们不同于几十万人、几百万人、几千万人的现代化，而是十四亿多人口的现代化。""我们的现代化既是最难的，也是最伟大的。从这个角度看，紧紧依靠工人阶级是必不可少的，工人阶级代表先进生产力。"②

研究、传承和发扬二七精神，是落实党的二十大报告的具体行动，有利于鼓舞包括铁路工人在内的工人阶级辛勤劳动、诚实劳动、创造性劳动，发扬集体主义精神，彰显劳动最光荣的时代风尚，推进创新发展，实现可持续发展，全面持续发挥先锋队作用，引领伟大复兴进程，勇当复兴先锋。

---

① 习近平. 高举中国特色社会主义伟大旗帜　为全面建设社会主义现代化国家而团结奋斗［N］. 人民日报，2022-10-26（001）.

② "既是最难的，也是最伟大的"（微镜头·习近平总书记参加党的二十大广西代表团讨论）［N］. 人民日报，2022-10-18（001）.

五、学习二七精神，以实际行动传承初心使命

中国革命史既苦难辉煌又波澜壮阔，中国共产党人的精神谱系既意义重大又丰富多彩。中国共产党人精神谱系第一批名单自发布以来，全国各地兴起了学习伟大精神的热潮。按照习近平总书记"不忘初心、牢记使命"及长期做好党史教育工作的要求，研究和宣传中国共产党人精神谱系必然成为其中不可或缺的重要内容。

习近平总书记 2019 年 9 月在河南考察时，告诫全党同志不能忘记红色政权是怎么来的、新中国是怎么来的、今天的幸福生活是怎么来的，要宣示中国共产党将始终高举红色的旗帜，坚定走中国特色社会主义道路，把先辈们开创的事业不断向前推进。我们不能因为现在的和平繁荣就淡忘了党在各个时期经历的艰难困苦、流血牺牲。新修订的《中国共产党章程》在总纲中总结党的宝贵历史经验时，专门指出"这是党和人民共同创造的精神财富，必须倍加珍惜、长期坚持，并在实践中不断丰富和发展"。

二七大罢工是中国共产党建立和领导工人运动以来第一次遭遇重大牺牲的事件，受到帝国主义和封建反动军阀的残酷镇压，为后来的革命斗争积累了宝贵的历史经验。根据当时的统计，"二七惨案中，前后牺牲者 52 人，受伤者 300 余人，被捕入狱者 40 余人，被开除而流亡者 1000 余人"。① 二七大罢工和二七精神在党的历史和中国工人运动史上具有典型意义。中国共产党通过组织和领导二七大罢工认识到："这时的革命力量远不如帝国主义和封建势力强大。党认识到结成最广泛的统一战线的重要性。"② 中国革命由此进入了一个新阶段。在二七大罢工之后，中国的工人运动不仅没有被帝国主义和反动军阀扑灭，反而与农民运动结合到一起，在中国共产党的领导下更加蓬勃开展起来，为后来的革命斗争和建设积累了宝贵经验与财富。这是二七精神的重要历史意义所在，后人应永远铭记。

时代不断向前，党和人民的事业不断发展。在中国共产党团结带领全国各族人民向着全面建设社会主义现代化国家、实现第二个百年奋斗

①② 中国党史和文献研究院．中国共产党简史［M］．北京：人民出版社，2021．

目标进军，以中国式现代化全面推进中华民族伟大复兴的新征程中，要巩固党的长期执政地位、始终赢得人民衷心拥护，必须永葆"赶考"的清醒和坚定。我们党之所以历经百年而风华正茂、饱经磨难而生生不息，就是凭着一股革命加拼命的强大精神。习近平总书记 2022 年 10 月在河南考察时强调："社会主义是拼出来、干出来、拿命换来的，不仅过去如此，新时代也是如此。没有老一辈人拼命地干，没有他们付出的鲜血乃至生命，就没有今天的幸福生活。"这就需要我们真正做到"不忘初心，牢记使命"，深入研究中国共产党历史上各个重要时期的斗争、经验、教训、做法等，以及由此产生和提炼出的中国共产党人伟大精神，牢记先辈的奉献，传承先辈的精神，不断奋斗前进。国家的未来在年轻一代，青年强，则国家强，牢记初心使命的青年是大有希望的。因此，习近平总书记要求"年轻一代要继承和发扬吃苦耐劳、自力更生、艰苦奋斗的精神，摒弃骄娇二气，像我们的父辈一样把青春热血镌刻在历史的丰碑上"。①

研究、传承和发扬二七精神有利于用党的科学理论武装青年，用党的初心使命感召青年，做青年朋友的知心人、青年工作的热心人、青年群众的引路人。鼓励广大青年坚定不移地听党话、跟党走，怀抱梦想又脚踏实地，敢想敢为又善作善成，让青春在全面建设社会主义现代化国家的火热实践中绽放绚丽之花。②

六、学习二七精神，在党的领导下进行伟大斗争

敢于斗争是中国共产党的鲜明品格，"中国共产党和中国人民是在斗争中成长和壮大起来的，斗争精神贯穿于中国革命、建设、改革各个时期"。③ 中国共产党人敢于斗争、不怕牺牲的精神，最早在二七大罢工中得到鲜明体现。二七精神留给我们的就是要敢于斗争，以斗争赢得未来，以斗争保卫党和人民的根本利益。中国共产党"从高举反帝反封建旗帜、掀起大革命高潮，到在血腥屠杀中站起、开始武装斗争、开

---

① 年轻干部要自觉摒弃骄娇二气（金台潮声）［N］. 人民日报，2022-11-22（018）.
② 习近平. 高举中国特色社会主义伟大旗帜　为全面建设社会主义现代化国家而团结奋斗［N］. 人民日报，2022-10-26（001）.
③ 习近平. 习近平谈治国理政（第四卷）［M］. 北京：外文出版社，2022.

展土地革命；从为了民族大义、推动建立抗日民族统一战线共御外敌，到反对国民党反动派发动内战、打败国民党800万军队，党领导人民经过28年浴血奋斗，付出了最大牺牲"①。斗争精神始终贯穿于我党领导人民向帝国主义、封建主义、官僚资本主义开展猛烈进攻的过程中。这就是为什么习近平总书记指出我们党"依靠斗争创造历史，更要依靠斗争赢得未来"的根本原因。当前，国际形势发生了深刻复杂的变化，全方位斗争愈发激烈。面对斗争，我们无路可退，唯有前进。

习近平总书记对继承和发扬党的斗争精神十分重视，多次强调要进行伟大斗争。他在党的二十大报告中号召全党同志"务必敢于斗争、善于斗争"②。进入新时代新征程，中国共产党的使命任务和面临的形势都要求我们："坚持发扬斗争精神。增强全党全国各族人民的志气、骨气、底气，不信邪、不怕鬼、不怕压，知难而进、迎难而上，统筹发展和安全，全力战胜前进道路上各种困难和挑战，依靠顽强斗争打开事业发展新天地。"③《习近平谈治国理政》（第四卷）用了大量篇幅强调要"坚持敢于斗争"，凸显了发扬斗争精神、敢于斗争、善于斗争在新征程道路上的重要性和必要性。"中华民族伟大复兴，绝不是轻轻松松、敲锣打鼓就能实现的。全党必须准备付出更为艰巨、更为艰苦的努力。"④党的二十大对党章进行了修订，在总纲的第九自然段"坚定道路自信、理论自信、制度自信、文化自信"后，增写"发扬斗争精神，增强斗争本领"的内容。增写这些内容，有利于激励全党坚定历史自信、增强历史主动，坚守初心使命、传承红色基因，把握新的伟大斗争的历史特点，夺取新时代中国特色社会主义伟大胜利。我们面临着难得机遇，也面临着严峻挑战。在这个关键当口，容不得任何停留、迟疑、观望，必须不忘初心、牢记使命，一鼓作气、继续奋斗。

二七大罢工过去了一个世纪，中国早已不再是那个积贫积弱、备受欺凌的中国，中华民族早已屹立于世界民族之林。我们必须"认清当代中国所处的历史方位，增强历史自觉，把苦难辉煌的过去、日新月异

---

① 习近平 . 习近平谈治国理政（第四卷）［M］. 北京：外文出版社，2022.

②③ 习近平 . 高举中国特色社会主义伟大旗帜 为全面建设社会主义现代化国家而团结奋斗［N］. 人民日报，2022-10-26（001）.

④ 习近平 . 新时代中国共产党的历史使命［J］. 中国军转民，2022（19）：7-8.

的现在、光明宏大的未来贯通起来"①。

在长期和平、繁荣发展的条件下，很容易滋生松劲、懈怠的情绪，放松警惕性，淡化斗争性。越是在发展比较顺利的时候，越是要有如履薄冰的谨慎和居安思危的忧患意识，警惕各种"黑天鹅""灰犀牛"事件，绝不能犯战略性、颠覆性错误，时刻做好面对风险挑战的准备。"新的征程上，我们面临的风险考验只会越来越复杂，甚至会遇到难以想象的惊涛骇浪。我们面临的各种斗争不是短期的而是长期的，将伴随实现第二个百年奋斗目标全过程。"②

复杂多变的国际形势警示我们，"必须把握新的伟大斗争的历史特点，发扬斗争精神，把握斗争方向，把握斗争主动权，坚定斗争意志，掌握斗争规律，增强斗争本领，有效应对重大挑战、抵御重大风险、克服重大阻力、解决重大矛盾，战胜前进道路上的一切艰难险阻，不断夺取新时代伟大斗争的新胜利"③。这是党的领袖对全党同志和全体人民提出的期许，是新时代新征程道路上实现中华民族伟大复兴的必然要求。

学习包括二七精神在内的所有中国共产党人伟大精神有利于鼓舞党员、干部斗争精神和斗争本领的养成，带头担当作为，关键时刻站得出来、危难关头豁得出来，矢志不渝、笃行不怠，不负时代、不负人民。④

总之，"紧跟党走，敢于斗争，团结奉献，勇当先锋"的二七精神高度契合习近平总书记向全党发出的"不忘初心、牢记使命"的号召，引领工人阶级和广大劳动人民沿着正确的政治方向前进，鼓舞斗志，奋勇争先，开拓进取。在新的历史时期，深入研究我党建立初期代表工人阶级的二七精神，承前启后，继往开来，对不断丰富和发展中国共产党人精神谱系、全面建设社会主义现代化国家、全面推进中华民族伟大复兴、实现伟大历史跨越具有重要意义。

局面越是复杂，越要坚定政治方向，永远"紧跟党走"；

---

① 朱玺霖. 以赶考的清醒砥砺前行 [N]. 解放军报，2021-11-24（007）.

②③ 习近平. 习近平谈治国理政（第四卷）[M]. 北京：外文出版社，2022.

④ 习近平. 高举中国特色社会主义伟大旗帜　为全面建设社会主义现代化国家而团结奋斗 [N]. 人民日报，2022-10-26（001）.

形势越是恶劣，越要体现鲜明品格，坚持"敢于斗争"；

斗争越是激烈，越要牢记初心使命，始终"团结奉献"；

前景越是光明，越要做到居安思危，时刻"勇当先锋"！

党的二十大报告指出："从现在起，中国共产党的中心任务就是团结带领全国各族人民全面建成社会主义现代化强国、实现第二个百年奋斗目标，以中国式现代化全面推进中华民族伟大复兴。"[①]"当前，世界百年未有之大变局加速演进"，"世界之变、时代之变、历史之变正以前所未有的方式展开"[②]。我国发展面临新的战略机遇、新的战略任务、新的战略阶段、新的战略要求、新的战略环境，需要应对的风险和挑战、需要解决的矛盾和问题比以往更加错综复杂。

在世界之变、时代之变、历史之变的重要节点上，在中国人民团结奋斗创造历史伟业的必由之路上，我们必须全面准确学习领会党的二十大精神，坚持知行合一，贯彻落实好党的二十大做出的重大决策部署；深入学习中国共产党人伟大精神，深入学习党史、新中国史、改革开放史、社会主义发展史、中华民族发展史，认清方向，紧跟党走，坚定战略自信，保持战略清醒，增强信心斗志，自信自强，守正创新，传承红色基因，发扬红色文化，不忘初心、牢记使命，实现中华民族伟大复兴的千秋伟业。

---

①② 习近平．高举中国特色社会主义伟大旗帜 为全面建设社会主义现代化国家而团结奋斗［N］．人民日报，2022-10-26（001）．

第一章

二七精神与中国共产党人伟大精神的内在联系

中国共产党人在新民主主义革命时期、社会主义革命和建设时期、改革开放时期和习近平新时代中国特色社会主义的长期奋斗中，始终怀着"为中国人民谋幸福，为中华民族谋复兴"的初心使命，构筑起了党的百年精神谱系。在党的百年奋斗历程中，二七大罢工（京汉铁路工人大罢工）是中国近代历史上前所未有的工人运动高潮，充分显示了共产党人坚定的革命性、坚强的战斗力和大无畏的气概，同时孕育出弥足珍贵的二七精神。正确认识二七精神与中国共产党人精神谱系之间的关系，对实现第二个百年奋斗目标的新征程上弘扬二七精神，赓续中国共产党人精神谱系的红色血脉，继承发扬红色资源，接续推动提高红色文化软实力都具有重要意义。

一、二七精神是中国共产党人伟大精神的重要组成部分

"为中国人民谋幸福，为中华民族谋复兴"始终是中国共产党人的初心和使命。1923年2月，党领导京汉铁路工人进行大罢工是中国第一次工人运动高潮的顶点，是当时处在成长时期的中国工人阶级为了争取人权、争取政治权利同封建军阀进行生死搏斗的战场。中国共产党是二七大罢工的指挥部、决策中枢。党领导下的中国劳动组合书记部是第一次工人运动高潮的具体发动者、组织者。京汉铁路总罢工委员会，是统筹领导全路工人罢工斗争的指挥机构。正是由于中国共产党的领导人亲自、不间断地给予指导，党的组织者深入大罢工的始终，才使这场工人运动迸发出巨大的力量，进而震惊中外，影响巨大。

（一）二七大罢工的历史意义跨越时代，丰富了中国共产党人伟大精神

二七大罢工的斗争说明工人阶级是中国革命的主力军与领导者，并以铁的事实宣告中国共产党是真正的工人阶级政党。一百年来，在工人阶级先锋队中国共产党的领导下，无数仁人志士前赴后继、流血牺牲、奋勇拼搏、无私奉献，终于实现了民族独立与自强，把贫穷落后、受尽列强欺侮的中国变成富强、民主、文明、和谐、美丽的中国，使中华民族真正屹立于世界民族之林。

二七大罢工产生的二七精神反映了自20世纪20年代以来中国工人阶级紧跟党走的政治觉悟和政治选择。在一百年的艰苦奋斗和流血牺牲中，中国工人阶级展现了敢于斗争的坚定品格，这种品格贯穿于建设中国式现代化伟大事业之中。在中国工人阶级产生和发展的早期，中国工人受的压迫和剥削最重，工人群体因生产方式的先进而成为各个劳动群体中最具有先进性、最团结的那一部分。二七大罢工的斗争中，京汉铁路工人本着"天下兴亡，匹夫有责"的担当，抱着奋战到底的决心而慷慨捐躯，例如，共产党员、二七烈士施洋在当时是著名的律师，有不菲的收入，本来可以过着一种体面且安逸的生活，但他却甘当"贫寒的律师"。他的收入大多用来济贫扶弱，伸张公理。林祥谦作为汉口江岸铁路的一名工人和共产党员，担任京汉铁路总工会江岸分会委员长，他一心为工人谋利益，深受工友拥戴。他在牺牲前的最后遗言是痛斥敌人：可怜一个好好的中国，就断送在你们这帮混账王八蛋的军阀手里！表达了对敌人的仇恨和对"好好的中国"无比憧憬、无限热爱的赤子之心。两位革命先烈林祥谦与施洋，都参加了1923年2月1日在郑州举行的京汉铁路总工会成立大会，都经历了与阻拦大会召开的反动军警冲突过程，都意识到了形势的严峻性。但是，他们都丝毫没有畏惧，更没有退缩躲避，他们始终坚持在斗争的最前线，直到流尽最后一滴血。[①]

京汉铁路工人大罢工的斗争虽然失败了，但为党总结大罢工的经验

---

① 陈菁萍，林友华. 中国工人运动的不朽丰碑——二七烈士纪念碑碑文敬读［EB/OL］. 国际在线，http://news.cnr.cn/native/gd/20210104/t20210104_525382987.shtml，2021－01－04.

教训，更广泛地深入发动群众，更有艺术地与反动势力做斗争奠定了基础。中国共产党早期的领导人陈独秀指出："要打倒军阀，散漫的各个争斗是不济事的，必须是各阶级各部分争自由争民权的各种势力，在一个统一的目标之下集中起来，成立一个有组织的广大的国民运动，才有充分反抗军阀的力量。"① 二七惨案给工人运动留下了惨痛的教训：要反抗帝国主义和反动军阀，必须有强大坚固的组织和力量。从此，中国共产党便十分注重工人阶级以及其他劳动人民的组织及联合斗争。

中国革命的实践告诉我们，不管是旧的封建军阀还是后来的国民党新军阀，都不可能与劳动人民站在一起，而只会成为压迫、镇压、剥削劳动人民的统治机器和帝国主义国家掠夺中国利益的代理人。毛泽东在回顾自己的革命历程时曾指出："十月革命后我才知道世界上有什么马克思、马克思主义，列宁、列宁主义。我开始就搞些城市的工人运动，搞农民运动，此外搞些学生运动，搞些跟国民党合作的运动，就是没有准备打仗。要感谢我们现在在台湾的那位先生，他让我上山去打游击"。"这就是环境逼使人，不以我的意志办事。那个环境逼得我去看马克思的书，去打仗。"② 自二七大罢工以后，中国共产党开始调整自身的革命策略。李立三在惨案发生后指出："'二七'运动的失败给党一个大的转变。"这一转变就是中共通过西湖会议，决定在"打倒军阀""打倒帝国主义"这两个口号下，搞民权运动。③

京汉铁路工人在罢工中最突出的表现是紧跟党走，这是二七精神的核心，体现了铁路工人立场坚定、方向明确、追求执着的崇高政治信仰。二七大罢工期间，京汉铁路工人"听党话、跟党走"，坚决执行"没有总工会的命令决不上工"的要求，体现了工人阶级的团结和高度纪律性。二七大罢工从分散罢工到同盟罢工，从组织工会到产业联合，从经济斗争到政治斗争，从自发斗争到有领导有组织斗争，革命的组织更加严密，领导更加有序，反映了工人阶级觉悟和组织程度不断提高，敢于斗争和善于斗争的特征。这一特征从二七大罢工开始，一直延续

---

① 陈独秀．陈独秀文集（第二卷）［M］．北京：人民出版社，2013.
② 中共中央文献研究室．毛泽东年谱（1949—1976）［M］．北京：中央文献出版社，2013.
③ 中央档案馆．中共党史报告选编［M］．北京：中共党史出版社，1982.

下来。

当面对民族危亡的时候，抗日战争期间工人阶级保持清醒的头脑，阶级觉悟逐渐提高，意识到中国人民的唯一出路是与日本侵略者进行殊死战斗，把侵略者赶出中国。他们从斗争实际中更加认识到，只有中国共产党领导下的抗日民主力量才能取得最终的胜利，更加坚定了跟党走的决心和信心，要到延安去、到抗日一线去。据不完全统计，抗日战争爆发之初，郑州铁路、邮电、豫丰纱厂等系统职工就有100余人奔赴延安，投身抗日洪流之中。

在新民主主义革命时期、社会主义革命和建设时期、改革开放时期，工人阶级始终站在时代前列。

进入新时代新征程，更要立足传统、聚焦当下、面向未来，大力弘扬伟大团结的精神，中国工人阶级将继续做好主力军，团结广大劳动人民全身心投入到中国式现代化的伟大事业中去，为夺取新时代中国特色社会主义伟大胜利凝聚起同心同向磅礴力量。

自党的十八大以来，习近平总书记多次强调，"发扬斗争精神，增强斗争本领""必须进行坚决斗争，而且必须取得斗争胜利""做敢于斗争、善于斗争的战士"。马克思主义产生和发展、社会主义国家诞生和发展的历程充满着斗争的艰辛。我们党的伟大事业，每一步都是在斗争中诞生、在斗争中发展、在斗争中壮大的。"培养和保持顽强的斗争精神、坚韧的斗争意志、高超的斗争本领"是习近平总书记对中青年干部提出的要求，也是对全体党员干部的要求。发扬斗争精神，增强斗争本领，用于进行具有许多新的历史特点的伟大斗争，是习近平新时代中国特色社会主义思想的重要内容，也是夺取新时代中国特色社会主义伟大胜利的重要内容。

2022年10月，在党的二十大报告中，习近平总书记指明了新时代新征程中国共产党的使命任务。代表先进生产力的工人阶级正是以中国式现代化全面推进中华民族伟大复兴的开路先锋。关于工人阶级和中国式现代化的关系，习近平总书记深刻指出，中国式现代化是人口规模巨大的现代化，是十四亿多人口的现代化。这个规模的现代化前无古人，无先例可循，没有现成的道路可走，没有过去的经验可以借鉴，从这个意义上说，中国式现代化既是规模巨大的，也是需要进行艰辛探索的。

进行艰辛探索必然需要开路先锋和引领者，代表先进生产力的中国工人阶级当之无愧是中国式现代化的开路先锋，是中华民族伟大复兴的开路先锋。

以中国式现代化全面推进中华民族伟大复兴，需要一步一个脚印走出来，需要制造业和实体经济的蓬勃发展和产业工人团结拼搏，脚踏实地干出来。习近平总书记指出，要"坚持把发展经济的着力点放在实体经济上"。自中华人民共和国成立以来，一代代产业工人坚守岗位、守正创新、勇于探索、奋勇前进，为国家初步实现工业化打下了牢固的基础，对我国后来发展成为制造业大国、加快迈向制造业强国起到了决定性作用。习近平总书记语重心长地说："工人阶级也要不断提高自己的素质和觉悟。过去码头都是人拉肩扛，现在是智能化操作集装箱。要重视发展职业技术教育。不能瞧不起产业工人，一定要看实际贡献！我们这些年一步一个脚印，真正在添砖加瓦建设中国特色社会主义现代化强国大厦的人，他们都是值得我们尊敬的。而且我们要思考和研究怎么去培养他们、发挥他们的作用，这个才是重要的。"①

（二）二七大罢工亲历者（后人）及部分专家学者的研究为提炼二七精神奠定基础

二七大罢工发生以后的若干年中，大罢工的亲历者（后人）及河南、湖北、北京、福建等地的部分专家学者曾长期对二七大罢工进行深入研究，对二七精神进行了提炼概括，生动体现了二七大罢工的历史意义，丰富了二七精神的内容，扩大了二七大罢工的影响。

当年京汉铁路工人大罢工的亲历者和领导者之一史文彬后来在撰写《"二七"的精神是什么》一文中，最早对二七精神做了四点阐释："罢工失败了，但只是表面的失败，他的成功是很大的！第一，他只一次就揭破吴佩孚保护劳工的假面具，自后就没有一个工人相信吴佩孚了。第二，唤起全国工友对付敌人，只有斗争之一法，舍此更无他道。第三，号召全国工人的阶级同盟，以与统治阶级作战。第四，在斗争中锻炼了自己，检查了自己的力量，得到作战的教训。以上四点就是'二七'

---

① "既是最难的，也是最伟大的"（微镜头·习近平总书记参加党的二十大广西代表团讨论）［N］．人民日报，2022-10-18．

的真精神，直到现在，还可以做我们全国工友们的模范！我们如果有了这个精神，我们就不怕环境困难了，不怕敌人的强硬了，一切我都不怕了。"①

作为二七大罢工的重要领导者之一，史文彬对罢工前后发生的一切情况，如罢工的起因、国内外因素的影响、罢工的组织情况、发动情况、口号的制定、决策的出台、转移情况、斗争情况、军阀镇压等，有最深切的体会和感受，这是旁人无法企及的。他阐释的二七精神的主要内容与后来以至于今天的形势都十分契合。在史文彬阐释的二七精神的四个要点中，除第一点是说工人不再相信吴佩孚之外，其他三点均围绕"斗争"展开。例如，第二点指出"只有斗争一法"；第三点指出，"以与统治阶级作战"，仍然是斗争；第四点强调"在斗争中锻炼了自己"，并"得到作战的教训"，这三点中用词最多的就是"斗争""作战"，突出了斗争精神实际是二七大罢工的主要特点。这一主要特点建立在"紧跟党走"的根本之上。史文彬不仅对当时的二七大罢工的主要特点——斗争——进行了总结，他还对未来的斗争做了预估，他指出："我们如果有了这个精神，我们就不怕环境困难了，不怕敌人的强硬了，一切我都不怕了。"这里强调了在未来的环境里最主要的还是斗争精神。

二七大罢工的亲历者、烈士司文德的后人司斌克在撰文怀念先辈时写道："怀念烈士，我更怀念当年他们为争人权、争自由，用鲜血书写'劳工神圣'的伟大信仰和'舍生不怕死，正义永斗争'的精神。"②这里同样突出了劳工神圣和斗争精神。

二七大罢工亲历者及后人对二七精神的认识与新时代以来习近平总书记反复强调的要进行伟大斗争的号召高度契合。2017年10月，习近平总书记在党的十九大报告中指出："实现伟大梦想，必须进行伟大斗争。社会是在矛盾运动中前进的，有矛盾就会有斗争。我们党要团结带领人民有效应对重大挑战、抵御重大风险、克服重大阻力、解决重大矛盾，必须进行具有许多新的历史特点的伟大斗争，任何贪图享受、消极

---

① 中国革命博物馆. 北方地区工人运动资料选编（1921—1923）［M］. 北京：北京出版社，1981.

② 潘志贤，姚敏霞. "二七精神"注入新时代内涵［N］. 中国青年报，2021-01-20.

懈怠、回避矛盾的思想和行为都是错误的。""全党要充分认识这场伟大斗争的长期性、复杂性、艰巨性，发扬斗争精神，提高斗争本领，不断夺取伟大斗争新胜利。"①

2022 年 10 月，习近平总书记在党的二十大报告中再次号召全党同志要进行伟大斗争，"以中国式现代化推进中华民族伟大复兴，统揽伟大斗争、伟大工程、伟大事业、伟大梦想"，把斗争放在"四个伟大"的第一位，突出了斗争的重要性。同时，习近平总书记还指出，"党中央审时度势、果敢抉择，锐意进取、攻坚克难，团结带领全党全军全国各族人民撸起袖子加油干、风雨无阻向前行，义无反顾进行具有许多新的历史特点的伟大斗争"②。斗争不是盲目的斗争，胡乱的斗争，简单的斗争，鲁莽的斗争，那样的斗争不但不利于党和人民事业的发展，而且会造成不必要的伤害。习近平总书记号召进行的伟大斗争是在党的领导下，为人民无私奉献的斗争，是正义的斗争、伟大的斗争。

进入新时代新征程，需要深入领会伟大斗争的含义，需要进一步研究和提炼二七精神的内涵、价值和时代意义，体现二七大罢工的深远影响。多年来，郑州、武汉等地都有专家学者长期跟踪研究二七大罢工，提炼二七精神，为后人进一步总结提炼二七精神奠定了坚实的基础。

关于二七大罢工的深远影响和二七精神的提炼总结，社会上曾一度有不同看法。有观点认为，中华人民共和国成立后，工人阶级早已成为国家的主人，再提罢工是否合适？二七大罢工发生在帝国主义、封建主义、官僚资本主义三座大山对中国人民的深重压迫时期，中国人民长期处在水深火热的苦难之中。中国共产党为了工人阶级和广大劳动人民的利益，领导、组织和发动了一系列的罢工运动，有力地展现了党的领导力、组织力、凝聚力和工人阶级的强大力量。中华人民共和国成立后，工人阶级成为领导阶级，阶级地位和命运都发生了根本改变。工人阶级的命运、作用、地位与中华人民共和国成立之前完全不同，有天壤之别。进入新时代，工人阶级的先进性更加凸显，是中华民族伟大复兴的

---

① 习近平.决胜全面建成小康社会　夺取新时代中国特色社会主义伟大胜利［N］.人民日报，2017-10-28（001）.
② 习近平.高举中国特色社会主义伟大旗帜　为全面建设社会主义现代化国家而团结奋斗［N］.人民日报，2020-10-26（001）.

开路先锋。我们学习、研究、宣传二七精神是学习工人阶级紧跟党走的政治觉悟；学习工人阶级与反动势力做斗争的勇气；学习工人阶级为全体人民的利益团结奉献的行动；学习工人阶级迎难而上，勇做复兴先锋的冲劲。这是研究和宣传二七精神的本质所在。

还有观点认为，二七大罢工失败了，是否适合长期宣传？二七大罢工虽然失败了，但其精神永存。在第一批中国共产党人伟大精神谱系里的46个精神中，有与二七大罢工一样的例子。例如，人们耳熟能详的井冈山精神。1927年10月，毛泽东带领秋收起义余部走上井冈山，建立了农村革命根据地。1928年4月，朱德率领南昌起义余部到达井冈山，实现了朱毛会师，团结壮大了革命力量；1928年12月，彭德怀带领平江起义部队来到井冈山，加入了革命队伍。由于井冈山范围较小，难以供养这么多部队。毛泽东、朱德、陈毅、彭德怀等根据地领导人经过反复商讨，确定了新的战略发展方向。1929年1月，毛泽东、朱德带领主力部队下山，前往赣南、闽西开辟新的革命根据地。国民党军趁我军主力离开，井冈山防守兵力严重不足的情况下，展开了大规模围攻。井冈山根据地于1930年1月底失守，后来又曾收复。井冈山革命根据地存在的时间虽然不长，但这并不影响井冈山精神的伟大。井冈山精神的主要意义在于它开辟了"农村包围城市，武装夺取政权"的正确道路，为中国革命打开了崭新的局面，对中国革命的胜利具有决定性意义。后来的各种精神与井冈山精神是一脉相承、不可割裂的。

学习中国共产党人伟大精神，不在于哪一次具体事件、行动的成功与否，而在于它对后来革命和建设的发展具有的指导意义和激励作用，鼓舞我们在中国共产党的领导下去争取更大的胜利。这是我们学习、研究二七精神和中国共产党人伟大精神的应有之义。

二、二七精神赓续红色血脉

一百年来，中国共产党带领中华民族、中国人民在艰苦卓绝的奋斗历程中不仅创造了举世瞩目的辉煌成就，更在这个不懈奋斗的过程中锻造形成了红色血脉的精神谱系。与此同时，中国共产党的精神谱系又成为无数共产党人在不同阶段、各个领域不懈奋斗的强大精神支撑，为更多伟大精神的形成注入源源不断的红色血脉。二七精神是中国共产党在新民主主义革命时期，在争取民族独立和人民解放事业的伟大斗争实践中，培养、形成和发展起来的崇高革命精神和优良革命传统。

（一）二七精神体现工人阶级传统风貌

二七精神作为中国共产党人伟大精神的组成部分，在高举理想信念的红色旗帜的引领下，体现着工人阶级听党话、跟党走的光荣传统与优良作风，以及革命乐观主义精神的红色基因，其红色精神与动力传承于中国共产党人精神谱系，所承载的红色基因使其不断迸发出强大的精神力量。

1. 高举理想信念的红色旗帜

中国共产党人伟大精神是在党的百年奋斗历程中诞生，经过血与火的长期考验发展起来的，贯穿其中最重要的正是其始终坚守的理想信念，这不仅是中国共产党人伟大精神的深层内核，也是二七精神及各种精神前进的根本动力。习近平总书记指出："对马克思主义的信仰，对社会主义和共产主义的信念，是共产党人的政治灵魂，是共产党人经受住任何考验的精神支柱。"[①] "坚定理想信念，坚守共产党人精神追求，始终是共产党人安身立命的根本。"[②] 百年来，中国共产党人高举理想信念的红色旗帜，挺起了共产党人的精神脊梁。中国共产党人的伟大精神，无论是诞生于新民主主义革命时期的伟大建党精神、红岩精神、抗战精神、遵义会议精神，还是社会主义革命、建设和改革开放时期的抗美援朝精神、西迁精神、改革开放精神，抑或是新时代的伟大抗疫精神，孺子牛、拓荒牛、老黄牛精神，虽然具体内容各异，但都体现着共产党人的坚定理想信念。这些信念建立在牢固的为人民服务的基础之上，不是空谈得来的。习近平总书记指出："没有远大理想，不是合格的共产党员；离开现实工作而空谈远大理想，也不是合格的共产党员。"[③] 这是中国共产党人伟大精神一以贯之的特点，也是合格的共产党员的特点。正因为有了千千万万这样的合格党员，党和人民的事业才

① 中央"不忘初心、牢记使命"主题教育领导小组办公室. 习近平关于"不忘初心、牢记使命"论述摘编［M］. 北京：中央文献出版社，2019.

② 习近平. 习近平谈治国理政（第一卷）［M］. 北京：外文出版社，2018.

③ 习近平. 在新进中央委员会的委员、候补委员学习贯彻党的十八大精神研讨班上的讲话［N］. 人民日报，2013-01-06.

能在红色旗帜引领下不断向前。

2. 听党话、跟党走的光荣传统与优良作风

理想信念的红色旗帜凝聚人心、催人奋进，听党话、跟党走的光荣传统与优良作风是胜利实现理想信念的重要保障。工人阶级在中国共产党的领导下，看到了光明的前途，怀着崇高的革命理想和坚定的共产主义信念，不畏艰难，英勇奋斗，以简陋的武器，与阵势强大的敌人进行了不屈不挠的斗争。他们所展示的崇高品格和博大胸怀正是听党话、跟党走的光荣传统与优良作风。

工人阶级在理想信念上表现出长期的坚定性，始终是党坚强的阶级基础。习近平总书记曾指出："形象地说，理想信念就是共产党人精神上的'钙'，没有理想信念，理想信念不坚定，精神上就会'缺钙'，就会得'软骨病'。现实生活中，一些党员、干部出这样那样的问题，说到底是信仰迷茫、精神迷失。"① 在革命斗争时期、社会主义建设时期、改革开放时期，工人阶级的理想信念更突出地表现为坚持党的基本理论、基本路线不动摇，他们对党无限忠诚，积极响应党的号召，时刻听从党的召唤，自觉与党中央保持高度一致，坚定不移地按照党所指引的方向奋勇前进；他们对共产主义信念无比坚定，不论国际风云如何变幻，党和国家遇到什么困难，他们始终坚信只有社会主义才能救中国，涌现出一大批先进典型。

3. 革命乐观主义精神的红色基因

在革命战争年代形成的革命乐观主义精神，是我们党的宝贵财富。革命战士们为广大人民群众和中华民族解放事业英勇奋斗、坚韧不拔的革命精神一直激励着一代又一代的人。

中华人民共和国的成立来之不易，广大革命群众在党的领导下，不畏艰难、团结一致，以百折不挠的革命精神战胜了巨大的困难，战胜了强大的敌人，最终取得了革命的胜利。革命的胜利靠的是无数革命先烈坚定的共产主义理想信念，靠的是无数革命先烈对党的事业无比忠诚，靠的是无数革命先烈不怕流血牺牲，勇敢夺取胜利的革命精神。

---

① 习近平. 在十八届中央政治局第一次集体学习时的讲话 [EB/OL]. 中国政府网, http://www.gov.cn/xinwen/2021-10/31/content_ 5648007. htm.

面对大罢工的失败及第一次工人大罢工由高潮转入低潮，虽然以陈独秀为代表的党内领导人有取消工人运动和否定无产阶级在民主革命中的领导地位的倾向，但我们党没有陷入群体性悲观情绪中，反而对工人群众在革命中的地位抱有坚定的信念，保持革命乐观主义精神。其中，以邓中夏为代表的共产党人反对陈独秀主张的取消主义，认为资产阶级和小资产阶级的力量有限，只有无产阶级拥有伟大集中的群众和革命到底的精神；只有它配做国民革命的领袖。只有无产阶级能够增进强大自己的力量和督促团结各阶级微弱的散漫的力量，并联合成一个革命的力量；只有无产阶级能够成就目前的国民革命及将来社会革命的两种伟大事业。①

（二）二七精神与中国共产党人精神谱系的共同特质

中国共产党在革命战争时期、社会主义革命和建设时期、改革开放时期和中国特色社会主义新时代，形成了包括二七精神在内的一系列伟大精神，它们筑牢了精神谱系的共同基础。二七精神既是中国共产党人伟大精神的组成部分，又赓续着精神谱系的红色血脉。二七精神与每个时期所孕育形成的伟大精神形态之间都同样流淌着精神谱系的红色基因，因此中国共产党人精神谱系共同作用于中国共产党领导人民进行中国特色社会主义事业建设的伟大实践，其蕴含着实践性、科学性和人民性的共同特质。

1. 实践性：实事求是、理论联系实际的历史与逻辑

马克思主义把实践理解为认识的来源及检验真理的标准，实践性是马克思主义理论区别于其他理论的显著特征。马克思在《关于费尔巴哈的提纲》中指出："人应该在实践中证明自己思维的真理性，即自己思维的现实性和力量，亦即自己思维的此岸性。"② 毛泽东在《实践论》中也强调："认识从实践始，经过实践得到了理论的认识，还须再回到实践去。"③ 中国共产党人的精神谱系是从伟大建党精神出发，在马克

① 史兵，司秉文，何锦洲，等．中国工人运动的先驱（第二集）［M］．北京：工人出版社，1983.

② 马克思恩格斯列宁斯大林著作中共中央编译局．马克思恩格斯选集（第一卷）［M］．北京：人民出版社，2012.

③ 毛泽东．毛泽东选集（第一卷）［M］．北京：人民出版社，1991.

思主义理论的科学指导下形成的理论系统，但它并不是单纯的理论抽象，而是党始终遵循马克思主义理论与实际相结合，根据时代的发展变化，以观照实践活动、解决实践问题为目标，在伟大实践中孕育、发展、丰富的，是自身的现实性与真理性在实践中经过检验的结晶与经验的升华。中国共产党的先驱们筹备建党活动的实践，新民主主义革命时期流血牺牲的革命战争，社会主义革命和建设时期自力更生、艰苦奋斗的伟大斗争，改革开放时期确立的坚持"一个中心、两个基本点"的伟大实践，新时代为实现中华民族伟大复兴中国梦而奋斗的新征程，都是中国共产党精神谱系形成的坚实根基。没有伟大实践就不会产生伟大精神，实践性是精神谱系的本质属性。

二七精神在新民主主义革命时期的斗争实践中孕育形成，在社会主义革命和建设时期、改革开放时期的实践中丰富发展，在中国特色社会主义新时代的实践中进一步得到传承和弘扬而更具新的时代价值。一百年来，二七精神不断激发出工人阶级强大的精神伟力，人民群众作为实践的主体，将精神力量转化为改造世界的物质力量，使国家的发展迸发出强大的动力。

京汉铁路工人大罢工及其所孕育的二七精神成为郑州、武汉等地繁荣发展的精神载体。郑州的二七区、二七路、二七广场、二七纪念塔、二七纪念堂，武汉的二七烈士纪念碑、二七纪念馆、二七红色教育基地、林祥谦烈士铜像等，福州的林祥谦烈士陵园等，北京长辛店的二七纪念馆等，都和中国共产党领导下的京汉铁路工人大罢工紧密相关。京汉铁路工人运动因铁路修建开通而发生，而铁路的修建和开通促进了郑州、武汉铁路运输业和城市工商业的发展，推动了城市人口的增长和城市的繁荣发展，为郑州、武汉的崛起和腾飞奠定了坚实的基础。

以郑州为例，铁路与城市发展间的互动关系，迅速推动着郑州的城市化进程，取得了飞跃式的发展。2016 年 12 月，国家在中部崛起规划中明确提出支持郑州建设国家中心城市，郑州开启了向全国乃至全球城市体系中更高层次城市迈进的新历程。这为河南集中优势推进新型城镇化、全面推进乡村振兴、提升河南在全国发展大局中的战略地位创造了前所未有的机遇。

习近平总书记强调，"中部地区要有打开大门开放的自信""积极融入共建'一带一路',加快打造内陆开放高地"。郑州人民把总书记的殷殷嘱托化为更强信心、更大动力,中部地区加快从内陆腹地迈向开放高地。同时,通过共建"一带一路",构建出空中、陆上、网上、海上"四条丝绸之路",着力打造国际交通枢纽门户、对外开放体系高地和参与国际合作高地。

2. 科学性:坚持真理、坚守理想的历史与逻辑

中国共产党人精神谱系是一个伟大的理论成果,是对社会实践的深刻认识和生动反映。但这种认识和反映不是随意的、盲目的,而是严谨求实、尊重规律的,是符合科学原则的。中国共产党人精神谱系是以科学性为前提的,是求真求实的思维模式和行为模式的生动表达。精神谱系的理论基础马克思主义本身就是科学的理论体系。

科学性是马克思主义理论的优秀品质。五四运动倡导的科学精神激发了先进中国人追求真理、追求进步的伟大觉醒。以马克思主义科学理论武装起来的中国共产党,坚持一切从实际出发,求真务实,尊重客观规律,不断推动中国社会、经济、文化和科技等各领域的快速发展。从伟大建党精神的"坚持真理"到始终高度重视发扬科学精神,发展科技事业,再到伟大抗疫精神的"尊重科学",都折射出科学精神的闪耀光辉。

早在革命战争时期,共产党人就冲破教条主义的束缚和禁锢,把马克思主义基本原理同中国具体实际相结合,形成了遵义会议精神,统一了全党的思想意识,为中国革命胜利奠定了思想基础。习近平总书记深刻指出:"遵义会议的鲜明特点是坚持真理、修正错误,确立党中央的正确领导,创造性地制定和实施符合中国革命特点的战略策略。"①

中华人民共和国成立后,党和政府十分重视科技事业的发展。作为工人阶级一部分的知识分子创造了与二七精神同样伟大的多种精神,如"两弹一星"精神、载人航天精神、科学家精神、新时代北斗精神、探月精神等,共同绘制了中国科学精神的图谱,不断拓展和赓续中国共产党人的精神血脉。正是一代代科研工作者在科学精神的激励下,为我国跻身创新型国家前列、实现我国世界科技强国的伟大目标贡献了自己的

---

① 让遵义会议精神永放光芒 [N]. 人民日报,2021-10-19 (001).

智慧和力量。在抗击新冠肺炎疫情的阻击战中，我国秉持尊重科学、科学抗疫的原则，从决策指挥、技术攻关、病患治疗，到社会治理各方面全过程，始终坚持向科学要答案、要方法，充分发挥了科技的重要利器作用，也充分展现了中国人民崇尚科学的理性态度与务实精神。

科学性是中国共产党人精神谱系中诸多伟大精神的显著特质，也是二七精神的本质特征。尊重科学、技术创新是我国经济发展的重要基础，为企业的壮大提供了充沛动力。例如，郑州宇通客车股份有限公司（以下简称宇通）的前身是一个名不见经传的、年产只有 708 台汽车、年销售收入仅为 6108 万元的小厂，它巧借郑州拉长工业短腿、加快工业发展的东风，1993~2008 年宇通发展成为在客车、工程机械等方面占全国 1/4 销售市场、实现销售收入 140.78 亿元的大型企业。宇通凭借自主创新和自主知识产权等优势已经批量出口俄罗斯、伊朗、古巴等数十个国家。截至 2021 年末，宇通已成为全球规模最大的客车企业和新能源商用车企业。

昔日的郑州纺织城曾经为国家的纺织工业创造过辉煌，后来由于激烈的市场竞争和纺织技术的更替，郑州的纺织工业落伍了。在实施工业方式转变的过程中，1954 年成立的郑州国棉三厂抢抓机遇，绝处逢生，企业于 2006 年成功改制成为郑州泰阳纺织有限公司，成为一家纺织行业的高科技企业。通过引进先进的纺纱和织机设备，完成了设备和产业的更新换代。如今，与时俱进的"三棉人"坚持走产品特色优势发展之路，重新焕发蓬勃生机。

3. 人民性：依靠群众、不负人民的历史与逻辑

马克思主义是人民的理论，人民性是马克思主义最鲜明的品格。人民立场是马克思主义政党的根本政治立场。马克思、恩格斯在《共产党宣言》中指出："过去的一切运动都是少数人的，或者为少数人谋利益的运动。无产阶级的运动是绝大多数人的，为绝大多数人谋利益的独立的运动。"[1]

中国共产党是马克思主义政党，根植于人民，成长于人民，始终代

---

[1] 马克思恩格斯列宁斯大林著作中共中央编译局. 马克思恩格斯选集（第一卷）[M]. 北京：人民出版社，2012.

表最广大人民的根本利益。人民性是精神谱系最鲜明的属性。从伟大建党精神中的"不负人民"到伟大抗战精神中的"爱国情怀",从伟大改革开放精神中的"敢为人先"到伟大抗疫精神中的"生命至上",以人民为中心始终贯穿精神谱系,充分揭示了中国共产党一心为民的政治立场,全心全意为人民谋利益的价值内核。中国共产党始终坚持人民群众是历史的创造者,尊重人民群众的主体地位,相信人民、依靠人民,始终保持同人民群众的血肉联系。

中国共产党的百年历史就是党同人民心连心、同呼吸、共命运的历史,中国共产党人精神谱系生动形象地展示了这个本质属性。伟大抗战精神是人民群众共同铸就的。在长达 14 年的抗日战争中,中国共产党是抗日战争的中流砥柱,人民群众用血肉之躯筑成了捍卫山河的钢铁长城。伟大的改革开放精神是全体中国人民共同谱写的。中国共产党团结带领人民群众,解放思想、实事求是,大胆地试,大胆地闯,经过四十多年的不懈努力,使中国大踏步赶上了时代,实现了人民生活从温饱到总体小康、奔向全面小康的历史性跨越,为实现中华民族伟大复兴提供了充满新的活力的体制保证和快速发展的物质条件。伟大的抗疫精神是14 多亿中国人民共同铸就的。面对突如其来的新冠肺炎疫情,中国人民举国同心、众志成城,用自己的实际行动构筑起疫情防控的坚固防线,彰显出伟大的中国精神、中国力量和中国担当。习近平总书记满怀深情地指出:"江山就是人民、人民就是江山,打江山、守江山,守的是人民的心。"只有密切联系群众、紧紧依靠人民,激发亿万人民无穷的智慧和力量,才能将中国特色社会主义伟大事业不断推向前进。

二七精神蕴含着丰富的人民性特质。和平时期,二七精神的人民性特质体现在无声而又激烈的战斗中。2020 年初,新冠肺炎疫情发生,作为二七大罢工主要发生地之一的武汉,在党的坚强领导下,抵抗住了新冠肺炎病毒的攻击,打赢了抗击疫情的斗争。习近平总书记在武汉视察时称赞:"武汉不愧为英雄的城市,武汉人民不愧为英雄的人民,必将通过打赢这次抗击新冠肺炎疫情斗争再次被载入史册!"① 同样,郑州数以万计的干部职工舍小家、顾大家,为了战胜疫情做出了巨大的牺

---

① 习近平在湖北省考察新冠肺炎疫情防控工作 [N].解放日报,2020-03-11.

牲，有的甚至献出了生命。例如，郑州市公安局东风路分局社区民警樊树锋、荥阳市司法局社区矫正管理科干部郑凯、郑州航空港经济综合实验区郑港办事处社会保障办公室干部李磊等，因过度劳累倒在疫情防控一线，用生命谱写出感天动地的英雄赞歌。

习近平总书记强调："国家强盛、民族复兴需要物质文明的积累，更需要精神文明的升华。"一百年来，以二七大罢工为起点形成的"紧跟党走，敢于斗争，团结奉献，勇当先锋"的二七精神，早已成为中国共产党人伟大精神的组成部分。自中国共产党成立以来，为实现中华民族伟大复兴的中国梦，中国共产党领导人民历经革命、建设和改革开放时期，踏上实现中华民族伟大复兴的新征程，探索开创和坚持发展了中国特色社会主义伟大事业。伟大的事业呼唤着伟大的精神。当今世界正经历百年未有之大变局，我国正处于实现中华民族伟大复兴的关键时期，我们面临着难得的机遇，也面临着严峻的挑战，必须不忘初心、牢记使命，一鼓作气、继续奋斗，必须弘扬伟大建党精神以及包括二七精神在内的共产党人伟大精神，赓续共产党人的精神血脉。

第二章

党的领导与二七大罢工

党的二十大报告指出，"坚持党的全面领导是坚持和发展中国特色社会主义的必由之路"，中国革命之所以能够取得一次又一次的胜利，根本原因是有党的领导。在历史上与敌人一次次严酷的斗争中，党和人民紧紧团结在一起，依靠正确的思想、组织、路线和团结获得胜利。习近平总书记在党的二十大上向全党发出号召"团结就是力量，团结才能胜利。全面建设社会主义现代化国家，必须充分发挥亿万人民的创造伟力"。二七大罢工是早期工人阶级伟力的一次展示，是党的领导力的呈现，为后世研究党的领导与工人运动的关系留下了宝贵的经验。

一、二七大罢工的历史脉络

二七大罢工是在中国新民主主义革命期间，由中国共产党领导的第一次工人运动高潮中规模最大、范围最广、影响最深的工人大罢工。这次罢工在国内外引起了极大的震动，显示了中国工人的力量。二七大罢工由三个历史事件构成，分别是 1923 年 2 月 1 日京汉铁路总工会的成立、2 月 4 日京汉铁路工人大罢工的爆发和 2 月 7 日二七惨案的发生。

二七大罢工以郑州京汉铁路总工会为中心，北起长辛店，南至汉口，使长达 1200 多千米的京汉铁路瘫痪，掀起了中国工人运动的高潮，施洋、林祥谦等 52 位先烈在这次罢工中英勇牺牲。这次大罢工，把中国共产党领导下的中国工人运动的第一次高潮推向了顶峰，在中国革命史和中国工人运动史上写下了光辉的一页。

（一）京汉铁路总工会的成立

中国共产党的成立和党的宣传教育，促使马克思主义在工人阶级中迅速传播开来。京汉铁路工人高举反帝反军阀的旗帜，为争取工人集会、结社的自由权利，于1923年2月1日，在郑州举行京汉铁路总工会成立大会。

京汉铁路总工会的成立，大致经历了由分工会到成立总工会筹备委员会再到正式成立三个阶段。京汉铁路各站工人自1921年陆续组织分会（当时叫作工人俱乐部），到1922年底，京汉铁路沿线共成立16个组织分会——长辛店、琉璃河、高碑店、保定、正定、顺德、彰德、新乡、郑州、郾城、驻马店、信阳、广水、江岸。1922年4月9日，在长辛店召集全路代表举行了第一次会议，筹商组织总工会，决定统一全路组织纪律；8月10日在郑州召集全路代表举行了第二次会议，成立总工会筹备委员会。

1923年1月5日，筹备委员会在郑州举行第三次会议，认为全路组织确已统一，成立总工会之时机确已成熟。当即草定总工会章程，并决定2月1日在郑州正式举行成立大会。然而，在开会前夕，直系军阀吴佩孚下令禁止开会，并派军警包围会场阻止代表赴会。

1923年2月1日清晨，郑州全城紧急戒严，军警荷枪实弹，沿街排列，商店闭门，行人断绝，郑州京汉铁路工人全体及各处代表，无不表示必须开会，不可为武力所屈服。数千名工人代表在五洲大旅馆整队出发，队伍以军乐队为前导，手持各地所赠贺匾、贺联的青年工人随行。各代表手持各团体名义的红旗，顺序而行。行至途中，工人代表团体被军警包围，举枪威吓，阻止前进。经代表再三理论交涉无效，全体愤激不已，乃奋勇拼死冲开被军警封禁的普乐戏园，涌入会场，随即郑重宣布京汉铁路总工会的正式成立。群众大呼"京汉铁路总工会万岁！""劳动阶级胜利万岁！"此时全场四周已被武装军警包围。郑州警察局长黄殿辰出言恐吓，强迫代表解散会议，大有横施武力之势。但群众照常开会，直至下午4时才冲出重围，宣布散会，各归旅舍。当日下午，军警继续用武力横加压迫，不断骚扰代表所驻各旅馆，毁坏各团体所赠匾额礼物，勒令饭店禁止向总工会开售饭菜，甚至重兵占驻并封闭总工会会所，禁止工人出入，捣毁工会文件。①

反动军阀待工人如囚犯的压迫愈甚，代表们反抗的烈火就愈旺。在吴佩孚反动军阀的高压下，广大工人及其代表、来宾更加众志成城，决心以总罢工来保卫自己的权利，反抗军阀的压迫。2月2日晚，京汉铁路全路各分会代表举行秘密会议。一方面，为了避免其他人民同受无端恐怖压迫之害，全体决议从速离开郑州；另一方面，会议做出于4日上午举行京汉铁路全路总同盟大罢工，同时为便利起见，总工会迁往江岸办公，并提出"为争自由作战，争人权作战"的响亮口号，以及如若军阀当局不满足工人之最低限度条件将誓死决不上工。于是，一场震撼中外的革命风暴已箭在弦上。

（二）京汉铁路工人大罢工的爆发

1923年2月4日上午8时前后，正式罢工命令即已分送到各分会。上午9时起，各站各厂即实行罢工，至下午1时，全路3万名工人全部罢工，所有客车、货车、军车一律停驶，京汉铁路立即瘫痪。总工会领导起草了《敬告旅客》和《敬告本路员司》，说明京汉铁路工会筹备的经过及郑州京汉铁路总工会被封闭的情形。

在罢工期间，工人的一切行动完全听从总工会命令，不单独接洽、妥协或调和，秩序极其严整。在工人俱乐部时期，即已开始组织工人纠察队，在各分会成立时，才正式编制起来，征收会费，解决工人与工人间的纠纷。罢工令下，纠察队重新编组，改名为工人纠察团，以维持罢工期间的秩序。

京汉铁路工人大罢工的重心在江岸，大罢工还得到其他工人团体的支持，支援罢工运动最有力的是武汉各工团，罢工活动由各工团发展到报馆和学校。在党的领导下，组织起了学生和妇女支持京汉铁路罢工运动慰问队，把罢工运动的声势壮大起来了，政治意义也提高了。罢工期间，工人们秩序严整，步调一致，"听党话、跟党走"，坚决执行"没有总工会的命令决不上工"的纪律，表现出京汉铁路工人高度的组织性、纪律性和团结协作的伟大力量。

"大罢工"爆发后，由于反动军阀的武力压迫，促使武汉各工团和

---

① 罗章龙. 京汉铁路工人流血记 ［M］. 郑州：河南人民出版社，1981.

包括学界、妇女界和新闻舆论界等各界同京汉铁路工人更加紧密地团结在一起，组织慰问队和游行示威声援罢工，反映出工人阶级大团结的精神。

2月5日，总工会发行《罢工月刊》创刊号。湖北全省工团联合会发表《湖北全省工团联合会援助京汉铁路总工会全体罢工紧急宣言》。各学校团体、妇女的慰问队逐渐增多，各学校准备发动同盟罢课，各工厂也正在酝酿同盟罢工来支援京汉铁路的罢工运动，这样就使湖北督军萧耀南、汉口镇守使杜锡钧、京汉铁路管理局局长赵继贤更加敌视京汉铁路的罢工运动。

2月6日，京汉铁路总工会在江岸举行群众游行示威大会，除江岸全体工人以外，还有武汉各工团各学校组织的慰问队，总共约有14500人。各工团男女代表数十人激昂愤慨的演讲，使闻者无不痛恨军阀横暴残酷而誓死与之决斗。万人慰问大会结束后，工友们激愤之下，举行了自江岸经租界至华界数小时的示威大游行，其整齐严肃之团结，尤令观者叹服。

2月7日，武汉各界慰问队也集于江岸，举行慰劳大会，各代表相继演讲。散会后群呼："京汉铁路总工会万岁！全世界无产阶级大联合万岁！劳农专政万岁！"① 在游行示威时，群众手执写着援助罢工的各种标语的旗子，工人纠察团也手执"维持秩序""执行罢工的纪律"的标语旗子，步伐整齐，秩序良好。当天夜晚京汉铁路总工会发出《致全国各铁路工友书》，呼吁经济支援与实力支援。

反动军阀吴佩孚毫无接受工人罢工要求的迹象，反动统治的军政当局调动军队，极力威胁压迫。2月5~6日，反动军警在郑州逮捕工人领袖，强迫其劝告工人上工；劫掠长辛店工会，逮捕工人领袖与工会学校教员。然而各地均严格听从总工会的命令，毫不动摇。工人们紧密团结在一起，各工人团体、各学校和社团援助接踵而至。罢工运动以疾风暴雨之势，震撼着黑云弥漫的武汉和京汉铁路全线。

（三）二七惨案的发生

2月7日，军阀吴佩孚对京汉铁路工人施以毒手，造成了震惊中外

---

① 中华全国总工会中国工人运动史研究室．中国工运史料［M］．北京：工人出版社，1980.

的二七惨案。7 日下午，武装军警包围了江岸工会，开枪射击，打死 32
人，打伤 200 多人，并有 60 多人被捕。① 共产党员林祥谦被残酷杀害；
与此同时，京汉铁路沿线的郑州、保定、长辛店等站的工人也遭到反动
军警的武力镇压。

惨案发生后，中共中央发表《中国共产党为吴佩孚惨杀京汉路工
告工人阶级与国民书》，号召全国人民团结起来，为自由而奋斗；各铁
路及各地工人举行声援罢工，海外侨胞也纷纷来电慰问，并热情赞扬中
国工人阶级的英勇斗争精神。与此同时，各帝国主义国家纷纷与直系军
阀吴佩孚勾结起来，共同镇压工人运动。

尽管反动军阀到处镇压工人，用恐怖手段强迫工人复工，但工人们
坚持斗争，在没有得到总工会复工命令以前坚决不复工，各地工会也都
拒绝单独谈判。罢工斗争坚持到 2 月 9 日，京汉铁路总工会的武汉工团
联合会为避免不必要的牺牲，保存力量，准备将来进行更大的斗争，于
是忍痛下令复工，大罢工宣告结束。

北起长辛店，南至汉口江岸，绵延 1200 余千米，共计铁路工人 3
万余人，全体一致的在京汉铁路总工会命令下发起的大罢工失败了。封
建反动军阀在长辛店、郑州、江岸及保定、高碑店、彰德、信阳、新乡
等处杀伤逮捕铁路工人。根据现有资料统计，在这次反抗封建军阀和帝
国主义的斗争中，壮烈牺牲的烈士共有 52 人，受伤者 300 多人，还有
1000 多人被工厂开除，流亡在外。② 在这场斗争中，各地封建反动军阀
纷纷对工人运动采取了高压政策，敌我力量对比仍十分悬殊，为避免更
大损失，全国第一次罢工运动被迫暂时转入低潮。

二、党的领导保证了二七大罢工的政治方向

(一) 马克思主义工人运动思想的传播启发工人阶级觉悟

没有马克思列宁主义的传播，没有党的教育，就没有二七大罢工，
更不会产生二七精神。马克思主义认为，工人阶级是先进生产力的代表，
是最有觉悟和最能形成力量的阶级，是胸怀最宽广、纪律最严明、最大

---

① 王永玺. 中国工会史 ［M］. 北京：中共党史出版社，1992.
② 此数据源自《武汉工人运动史》《中国共产党简史》中记录的被捕入狱人数为 40 余人。

公无私的阶级。但是，工人阶级只有在将自己分散于各地的力量汇集成为整个阶级的力量时，才能和落后的社会制度、政治结构进行斗争。因此，在这个斗争中，工人阶级必须组织和统一自己的力量。工人阶级在建立统一的全国性组织时，必须首先建立自己的先锋队——共产党。这样才能在这支先锋队的指导下，建立自己的全国性的群众性的工会组织。

自中国共产党成立后，其首要工作就是把工人"组织起来"进行教育。为从思想上启发工人的阶级觉悟，中国共产党在成立前后创办了《劳动界》《劳动音》《劳动者》《向导》《劳动周刊》《工人周刊》等刊物，介绍国内外劳动界消息，鼓励工人运动，启发工人觉悟。《工人周刊》辟有"工人常识""工人谈话""工人之声"等专栏，直接刊载来自工人的要求和呼声，报道各地工人的困状及国内外罢工消息等，是当时对工人影响最大的刊物，并且该刊大部分被销往至北方铁路工人中。工人赞其"办得很有条理""不愧乎北方劳动界的一颗明星""是全国劳动运动的急先锋""为全国铁路工人谋利益"；该刊也成为"中共北方区委和北方劳动组合书记部在工人中的代称"。[①]

中国共产党利用这些刊物向工人阶级宣传地域帮口组织的危害性。例如，李启汉在《工人周刊》发表了"工友们，我们为什么要分帮"。[②] 项英在《劳动周报》（该报是劳动组合书记部武汉分部的机关报）发表"省帮与阶级"一文，向工人指出："我们常见许多工会或工厂中，把工友分成什么广东帮、两湖帮、三江帮、福建帮、天津帮及本地帮等，弄成七零八落，互相排挤，互相斗争"；"这不自己杀自己吗？"文章向工人发出号召："快快觉悟起来呵！打破以前错误的省帮观念，以阶级斗争的精神，争回我们应有的权利呵！"[③]

在各种刊物的宣传鼓动下，工人阶级日益觉悟起来。有的工人虽然文化程度不高，但开始动手记录自己的工作和生活，《劳动界》《劳动者》《工人周刊》等刊物为他们开设了专栏。据统计，仅《劳动界》第3~18期，就发表了20多篇工人的稿件。这些稿件的题目带有鲜明的阶级色彩，如"我们流出的汗到哪里去了？""老板和老虎""一个工人的

---

① 罗章龙．椿园载记［M］．北京：三联书店，1984．

② 李启汉．工友们，我们为什么要分帮［J］．工人周刊，1921（14）．

③ 杨文福．中国铁路工运史资料选编（第一辑）［M］．郑州：河南人民出版社，1990．

觉悟""苦工日记"等，从中可以看出强烈的反抗意识。"一个工人的宣言"一文写道："工人的运动，就是比黄河水还厉害还迅速的一种潮流。将来的社会，要使他变个工人的社会；将来的中国，要使他变个工人的中国；将来的世界，要使他变个工人的世界。"①

在《劳动周刊》上，中国共产党教育工人阶级：只有团结起来，才有力量；只有组织工会，才能和敌人展开斗争。从一些斗争胜利的经验来看，提高工人阶级对组织的认识，是斗争胜利的关键。在中国共产党的不断教育下，工人阶级建立组织的欲望越来越强烈，要求迅速提高。京汉铁路工人在劳动补习学校的基础上，逐步建立起工人组织的雏形——工人俱乐部。长辛店、郑州、江岸三个地区最早建立工人组织，京汉铁路其他各站的劳动补习学校或工人俱乐部随后纷纷组建起来。

（二）党的建设与工会建设的相互增益

二七大罢工展现出工人阶级坚定的组织性和良好的纪律性，得益于党持续加强工会的建设。

第一，开办劳动补习学校，为建立工会积蓄力量。京汉铁路工人一向在中国官僚与外国工程师的双重压迫之下生活，从来没有过自己的组织活动。在所谓劳资协调的政策之下，组织过员工福利会与员工联谊会团体，但这些都在少数高级员司的把持下，与广大铁路工人不发生任何关系，不能算是工人的团体。在五四运动前后，北京大学组织的平民教育演讲团，曾派人到长辛店讲演过，同工人开始接触，到1920年以后，在长辛店开办工人补习学校，向工人进行启蒙教育。

京汉铁路线上的长辛店铁路工厂，是当时我国北方较大的工厂之一。1920年冬，李大钊领导北京共产党小组，总结了前一段时间在人力车工人、印刷工人中开展工作的经验教训，决定走出市区，委派我党工人运动先驱邓中夏等，去产业工人最集中的长辛店开办劳动补习学校。劳动补习学校是工会的准备阶段，也是中共对工人进行阶级教育的重要阵地。对于劳动补习学校所应发挥的作用，1921年，党的第一次全国代表大会决议明确提出："劳工补习学校应逐步成为劳工组织的核心，所授学说，最重要的是应能唤醒劳工觉悟。"

---

① 王永玺．中国工会史［M］．北京：中共党史出版社，1992．

虽然筹备长辛店劳动补习学校进展顺利，但除一些工头非常重视外，许多工人对此并不太感兴趣，来报名上学的工人寥寥无几，原因是工人在帝国主义、封建军阀、工头的残酷压榨下生活非常困难，没有时间读书，甚至对前途失去信心，不愿意读书。因此，在补习学校或工会里，教员及负责人一般先与工人建立友好的、融洽的关系，再向其进行"天下工人是一家"的阶级教育灌输，并启发工人树立团结一致的阶级斗争观念。例如，邓中夏等深入长辛店铁路工厂调研工人工作和生活情况，根据工人情况编纂适合的识字课本，邀请长辛店的部分工人、工头参加筹备会议。在这段时间里，邓中夏对工人的感情，工人对邓中夏的态度，都发生了很大的变化，相互之间建立了亲切友爱的关系。补习学校开课后，邓中夏生动地向工人讲授"工人最伟大"，工人阶级团结力量大的道理。

李大钊同时期也曾到郑州工人补习学校演讲，指出"工人两个字连起来是个天字，工人阶级能顶天立地，工人团结起来就力大无边"[①]。这种讲解形象生动，富有鼓舞性，启发了工人的觉悟，增强了工人的反抗信心，使其领悟到团结起来力量大的道理。此外，北京共产党小组派出的长驻教员舍己为人的精神，也深深打动了工人的心，来上课的工人越来越多。工人和老师一家亲的景象使越来越多的工人愿意去劳动补习学校上课，学校俨然成为"工人之家"，为下一步党领导组织工人俱乐部打下了坚实的基础。

第二，劝说工人加入工人俱乐部（工会），团结壮大工人影响力。早在上海发起组织中国劳动组合书记部时，中国共产党就决定先调查各地工人的工作情况和生活情况，同时提高工人的生活水平和文化水平，普遍发动组织工人俱乐部和工人补习学校，最后把工人组织起来，由工人俱乐部和工人补习学校发展到工人自己的组织——工会。

1921 年 1 月，长辛店设立了劳动补习学校，即是京汉铁路工会运动的开始。从此以后，京汉铁路各站相继成立工会组织。长辛店劳动补习学校开办不久，北京共产党小组决定派邓中夏在长辛店组织北方地区第一个工会。在京汉铁路各大站成功创办劳动补习学校的基础上筹建工

---

①　王宝善．郑州工人运动史［M］．郑州：河南人民出版社，1995．

人俱乐部并成立工会。

1921 年 4 月，邓中夏来到长辛店，与劳动补习学校的驻校老师及工人骨干等商量决定在 5 月 1 日宣布工会成立。在邓中夏组织的工会成立不久后，长辛店工头搞出了另一个"工会"，企图把邓中夏组织的工会搞垮。经过一段时间的斗争，邓中夏认识到工头是工人的直接统治者。工人和工头之间，存在根本的利害冲突，不能让工头参加工会。于是新的工会组织成立，改名为"工人俱乐部"，以示与过去工会的区别。

1922 年 4 月 9 日，京汉铁路长辛店工人俱乐部举行成立大会。邓中夏和京汉铁路、陇海铁路等各路工人代表齐聚长辛店并发表演说，祝贺长辛店工人俱乐部成立。讲演大会盛况空前，工友高呼"劳工神圣"。邓中夏领导长辛店铁路工人组织的工人俱乐部，是现代产业工会的雏形。从此，长辛店这个"工人之窟"，成为中国北方工人运动的摇篮。

第三，培养工会骨干，团结工会成员。中国共产党在工会建设中，还注意在实际工会工作中消除不同帮口工人之间的隔阂，增强工人阶级的团结意识。针对铁路工人工作时间长，生活单调，工人中酗酒、赌博和吸食鸦片等不良习气较多的现象，工会组织了象棋、篮球、京戏、讲演等各种活动，丰富工人的业余生活。在此基础上，不同帮口工人之间的关系逐渐融洽起来，中下级工人的地位也得到了提高。据包惠僧回忆："自从俱乐部组织起来以后，对工人的阶级教育在工人中发生了影响，工匠对于小工也称哥道弟，客气起来了，因之小工与工匠、工务员、工程师常在一起坐着，一起活动，地位无形中提高了，工匠对小工的团结，是工人俱乐部成立以后所发生的阶级友爱，所以小工对俱乐部的信仰很高。"[1] 小工是工人中的多数，工人俱乐部把他们团结、组织起来，使之成为京汉铁路工人中最为坚定的一支革命力量。可见，工会活动非常有效地消除了因地缘、职业而造成的差异感和疏离感，加深了工人之间的亲和力。各帮口工人通过参与工会活动逐渐形成了特有的集体精神，这种精神正是引导工人走向集体行动的潜在力量。

---

[1]　包惠僧.二七回忆录［M］.北京：工人出版社，1957.

工人代表康景星 16 岁来到长辛店火车房当铆工匠，在党的领导和培养下，成为长辛店发展的第一批工人党员，逐渐成为优秀的工人运动领导人之一。由于长辛店工人接受十月革命的影响较早，康景星积极投身五四运动，参与长辛店各界联合会、"救国十人团"的爱国活动。

1920 年，北京共产党小组成立，李大钊派邓中夏等到长辛店开办工人劳动补习学校，康景星就是学校里的积极分子，主动学习文化知识和无产阶级革命理论。

1921 年 7 月，中国共产党成立。为了使党的工人运动方针更好地在铁路工人中得到贯彻，京汉铁路长辛店车站建立了第一个党的基层组织，康景星就是长辛店发展的第一批工人党员。在这以后，中国劳动组合书记部为了在全路进一步开展工人运动，康景星就被派往正定火车房，联系工人群众，办起工人俱乐部，筹备成立工会。

1922 年 8 月，中国共产党在郑州召开了京汉铁路总工会第二次筹备会议，康景星被选为筹备委员，任正定铁路分工会委员长。1923 年 2 月 1 日，康景星代表正定分工会参加了在郑州召开的京汉铁路总工会成立大会，然而大会遭到军阀的阻挠和破坏。遵照总工会的罢工命令，康景星连夜赶回正定集中力量举行罢工。2 月 8 日，为迫使工人复工，残忍的军阀将工人代表康景星捆绑起来，并当场抽打他几百下皮鞭，康景星始终挺身而立。当时敌人拿着枪指向康景星的胸口，作射击状。康景星大声喝道："且慢！我们为争自由而战，死也实在不算一回什么事，不过我有几句话要向大家说，等我把话说完，我说声打，你们就开枪。"随后，康景星目光如炬、义正严词地说道："你们当兵的，本和我们工人一样替人佣工，同是无自由，受人愚弄，做人牛马。你们想想，你们每月所得不过六块钱，你们便黑了心，不顾自己的人格，甘替军阀当走狗。而保定军阀的出身又比你们高了多少？他们竟是财产几千万，婢妾成群。你们有枪不去向侮辱你们人格的军阀——你们的敌人打，却来打为人类自由而战的我们，这未免太可笑话了！"听到此番慷慨激昂的陈词，围观的人们无不为之感动和信服。先前举枪的军士听得面红耳赤、一时语塞，恼怒地又举起枪准备射击。此时忽然有一名军官向前阻拦，他伸出大拇指说道："好样的！"二七大罢工失败后，康景星被捕，党组织将其营救出来，但在 1932 年，康景星于郑州被国民党特务暗杀，时年41岁。

（三）大罢工中工会党员先锋作用凝聚组织团结

在中国共产党正式成立以前，各地共产主义小组就已开始把工人运动和学生运动作为工作目标。早期共产主义者多为知识分子，他们最初的工人运动工作先从调查访问工人群众开始。北京共产主义小组成立后，曾先后派人到工人聚集区调查访问，与当地工人建立初步联系。他们结识了当地工人组织中的一些领导者，并通过这些人认识了更多的工人群众，初步建立了工人运动的工作据点。

1921年7月，中国共产党成立伊始，把组织产业工会作为主要的工作目标。1921年8月11日，中国共产党在上海成立了中国劳动组合书记部，作为公开领导全国工人运动的总机构。中国共产党组建的工会组织具有鲜明的阶级性，有明确的政治目标，从政治上、思想上、组织上与传统的旧式工人"行帮"组织及其他阶级政党的招牌工会组织均有根本区别，使中国的工人运动实现了历史性的转折。

中国劳动组合书记部成立后不久，领导了陇海铁路工人罢工等一系列罢工，在京汉铁路等处建立工会组织，党在这里进行了长期耐心细致的工作，把觉悟高、工作能力强的帮首和工会中的积极分子发展成中共党员，培养工会骨干力量。他们绝大部分都成为坚定的共产主义战士，在大罢工及革命事业中抛洒了青春乃至生命。

各地工会组织成立后，明确工会的组织原则和斗争纲领成为下一步领导工人罢工的重要问题。1922年5月，京汉铁路长辛店工人俱乐部推举代表邓中夏参加第一次全国劳动大会，会议通过了邓中夏提议的关于产业和地方相结合的工会组织原则。在党的第二次全国代表大会上，《关于"工会运动与共产党"的议决案》指出："工会进行劳动者的经济改良运动，必须进于为劳动立法运动。"[①] 全国各工会团体热烈拥护劳动立法运动，赞同劳动法案大纲。邓中夏领导全国工会团体开展劳动立法运动，目的是在全国工会中，在全国工人中，宣传这个斗争纲领，此劳动法案大纲实际上成为中国工人运动的斗争纲领。

---

① 总工会工运史研究室 . 中国历次全国劳动大会文献 [M] . 北京：工人出版社，1957.

邓中夏领导的长辛店铁路工人的斗争在逐步发展。他深知工人提出的要求不可能顺利实现，必须准备斗争。他着手组织工人纠察队、工人讲演团、工人调查团，为领导"八月罢工"罢工做好准备。

1922年8月24日早晨，长辛店铁路工人不仅为了长辛店工人的利益，更重要的是为了全京汉铁路3万多名工人和整个工人阶级的利益，要求改良待遇，"八月罢工"开始不久，京汉铁路管理局便屈服于工人的力量。"八月罢工"为京汉铁路工人争得了每人加月薪3元、两年加薪一次、短牌工一律改为长牌工，以及建设工人休息室等多项权利。①京汉铁路管理局局长赵继贤在罢工后对其秘书说："那些工人是不识字的粗人，可是罢工的事却办得如此仔细。这里面怕是有高人啊！"②

"八月罢工"的胜利，产生了强烈的社会反响，提高了工会的威望，工人意识到只有联合起来方能维护自身利益。长辛店工人俱乐部的胜利消息，在各条铁路线上引起阵阵回响：1922年9月9日，粤汉铁路武长段工人罢工；10月4日，京奉铁路山海关铁路工厂工人罢工；10月27日，京绥铁路全路车务工人罢工；11月，京奉铁路唐山铁路工厂工人罢工；12月15日，正太铁路石家庄机器厂工人罢工。1923年2月1日，党领导下的京汉铁路总工会筹备会决定在郑州召开成立大会，草定总工会章程，统一全路纪律，规定凡京汉铁路工人，不分司机、升火、机匠、学徒、小工等名目；不分车务、工务、机务等职务，也不分老少、地域、国籍的差别，只要能守章程、缴费、服从命令，都一律是平等的会员。每年的代表大会选举出执行委员会，规定必须帮助全国铁路工人和全国工人组织工会，以加强工人阶级的力量。是否罢工必须由执行委员会议决，全体会员过半数的通过，才能举行。可见，在二七大罢工之前，党领导的工会组织建设已相当完善。③

党领导的工会组织的不断完善，一系列罢工的胜利鼓舞了全国工人阶级的斗志，为进一步发动京汉铁路工人大罢工奠定了重要的基础，其中以林祥谦和施洋等为代表的共产党员，团结工人阶级，起到了凝聚工会组织力量的先锋模范作用，增强了工人敢于斗争、敢于胜利的信心。

① 陈素秀. 京汉铁路工人大罢工史料汇编 [M]. 郑州：河南人民出版社，1999.
② 长辛店机车车辆工厂厂史编委会. 北方的红星 [M]. 北京：作家出版社，1960.
③ 邓中夏. 中国职工运动简史 [M]. 北京：人民出版社，1953.

以林祥谦为例，1921年12月的一天，中共武汉区委、中国劳动组合书记部武汉分部负责人陈潭秋等，邀请林祥谦等江岸工人中具有影响的人物，了解京汉铁路工人的劳动和生活状况，热情地向他们介绍了中国劳动组合书记部的方针任务及全国工人运动的形势。这次会见和谈话，既是林祥谦直接得到党的教育的开始，又是他思想发生飞跃的转折。从此以后，林祥谦接受马克思主义先进思想，走上了党指引的革命道路，提高了阶级觉悟，逐步锻炼成为有共产主义理想的工人阶级先锋战士，最终光荣地加入了中国共产党。林祥谦曾担任江岸分工会委员长一职，不仅积极参与了江岸分工会的组建，而且参与了京汉铁路总工会的筹办工作。此时的林祥谦，早已真正认识到自己所属的工人阶级利益和历史使命，并为之去奋斗，直至献出自己的宝贵生命。

武汉工团联合会法律顾问、共产党员施洋在五四运动时期就致力于追求救国救民的真理，在武汉马克思主义研究小组的资料库——利群书社接触并学习了马列主义。1921年11月，他参加中国劳动组合书记部武汉分部工作，经常深入工人中宣传马克思主义。确立坚定的信仰之后，施洋决心加入中国共产党，光荣地成为中国共产党党员。在罢工斗争中，施洋坚定地站在被压迫的工人阶级一边，完全抛弃了个人的利益和家庭的幸福，为工人阶级的利益而战，体现了一名共产党员的觉悟和担当。在林祥谦被杀害的同一天，施洋也被捕，2月15日被杀害。临行前，军法官问他有没有遗言要给家人，施洋回答："中国就是我的家。"他身中3弹，还高呼："杀了一个施洋，还有千万个施洋，劳工万岁！"施洋壮烈牺牲，年仅34岁。

（四）党领导二七大罢工的重大意义

1. 开创马克思主义理论武装工人阶级登上政治舞台的伟大斗争

二七大罢工是中国共产党领导的第一次工人运动高潮的顶点，是马克思主义理论开始武装工人阶级，作为一支独立的政治力量登上历史舞台后的一次伟大斗争。

斗争精神贯穿党的百年征程，中国共产党"一出生就铭刻着斗争的烙印"。面对敌人的血腥屠杀，共产党员和工人运动领导骨干，带领广大工人团结战斗，浴血奋战，充分表现出他们同敌人血战到底的伟大斗争精神。斗争实践表明，在党领导的反帝反封建的革命斗争中，工人阶级不但敢于斗争，而且善于斗争。他们不仅表现出革命的先锋作用，而且还能充当民主革命的领导力量。二七大罢工充分彰显了中国工人阶级革命的坚定性、战斗的坚强性，进一步教育了中国人民，极大地拓展了中国共产党在全国乃至全世界的政治影响，在中国革命史、中国工人运动史乃至世界无产阶级革命史上谱写了光辉的一页。

中国特色社会主义进入新时代，面对世界百年未有之大变局，我们面临国内外社会、经济、意识形态、自然界等方面的挑战考验。正确理解和把握斗争精神，坚持发扬斗争精神，成为我们在新形势下进行具有许多新的历史特点的伟大斗争、全面建设社会主义现代化国家的必然要求。党的十八大报告中明确提出"伟大斗争"，强调"发展中国特色社会主义是一项长期的艰巨的历史任务，必须准备进行具有许多新的历史特点的伟大斗争"。习近平总书记多次强调，"发扬斗争精神，增强斗争本领""必须进行坚决斗争，而且必须取得斗争胜利""做敢于斗争、善于斗争的战士"。

在党的二十大报告中，"斗争"无疑是一个出现频率较高的词。面向全党，习近平总书记提出"三个务必"，"务必敢于斗争、善于斗争"正是其中之一；面向未来，以中国式现代化全面推进中华民族伟大复兴，"坚持发扬斗争精神"成为前进道路上必须牢牢把握的重大原则之一。当前，我们正处于第二个百年奋斗目标新征程上，前景虽然光明，但各种风险挑战、矛盾问题大量存在，更需要发扬二七英烈的斗争精神，保持只争朝夕、奋发有为的奋斗姿态和越是艰险越向前的斗争精神，努力创造经得起实践、人民、历史检验的成绩。

2. 彰显工人阶级听党话、跟党走的政治觉悟和伟大力量

二七大罢工虽然失败了，但是充分展现了中国工人阶级在党的领导下，听党话、跟党走所迸发出的伟大力量。京汉铁路工人大罢工极大地扩展了党的政治影响，引发了革命力量的重新组合，也直接促进了第一次国共合作。

二七大罢工发生时，正值国共合作酝酿之时。革命先行者孙中山起初并不看重工农群众的力量。然而，大罢工的热潮及京汉铁路工人大罢工，改变了他的态度，让他看到新生的中国共产党强大的组织能力和工人群众的力量，从此之后他开始关注工人，关注中国共产党。中国无产

阶级通过铁路工人的行动扩大了自己的影响，引起了其他革命阶级、阶层的瞩目。

孙中山积极表示支持工人运动，愿意接受中国共产党民主革命纲领，与中国共产党结成革命联盟。这既说明中国无产阶级是中国革命最基本的动力，同时也说明二七大罢工及其他一系列罢工起到了推动中国革命发展的作用。

历史与现实一再证明，办好中国的事情，关键在党。

习近平总书记曾指出："一个民族最深沉的精神追求，一定要在其薪火相传的民族精神中来进行基因测序。"二七精神是中国共产党人精神在建党初期的重要开篇之作。从建党的开天辟地，到中华人民共和国成立的改天换地，到改革开放的翻天覆地，再到党的十八大以来在国家事业方面取得的历史性成就、发生的历史性变革，推动我国迈上全面建设社会主义现代化国家新征程，其根本原因在于我们党始终坚守了为人民谋幸福、为中华民族谋复兴的初心和使命。

源于京汉铁路工人大罢工的二七精神是在党的领导下形成和发展起来的，体现了党和人民群众之间的鱼水深情，代表了党的先进性要求，体现了党的优良传统和政治优势。

党政军民学，东西南北中，党是领导一切的。一百年来，中国共产党不断提升领导水平和领导能力，注重自我净化、自我提升、自我革命，始终保持党的先进性和纯洁性。新时期，大力弘扬以"紧跟党走"为灵魂的二七精神，对于密切党同人民群众之间的血肉联系、加强和改进党的作风建设、增强党的阶级基础和扩大党的群众基础、不断推进党的建设新的伟大工程、奋力开创中国特色社会主义新局面具有重要意义。

第三章

二七大罢工与中国工人运动

　　二七大罢工是中国早期工人运动的重要组成部分；中国工人运动是世界工人运动的东方重心。世界工人运动对中国工人运动有深刻影响。中国工人阶级的产生与近代以来世界形势的变化及中国自身形势的变化有密不可分的关系。中国是一个有着悠久历史文化的东方古国，有着万年文化史、五千年文明史的灿烂与辉煌，对人类文明有巨大的贡献。然而，自17世纪晚期以来，西方国家因其特殊的历史环境，军事实力、经济实力、科技水平、现代国家构造能力等持续上升，为它们在海外不断扩张奠定了基础。与此同时，清朝统治者对民众采取了长期残酷的文化迫害、思想钳制、闭关锁国等政策，导致中国由一个本来文化先进、经济发达、科技领先、思想自由的文明国家逐渐沦落到蒙昧、封闭、落后的境地。到19世纪第一次鸦片战争爆发时，中国已全面落后于西方国家，成为西方列强觊觎和侵略的对象。

一、中国工人阶级的产生

　　帝国主义的侵略和掠夺、清朝统治者的残酷压迫、官僚资本主义的压榨、封建反动军阀的迫害激起了中国人民的激烈反抗。在长期的斗争、抗争中，中国工人阶级诞生了，为中国共产党的建立和中国革命的到来奠定了阶级基础。

　　（一）帝国主义的侵略为中国工人阶级的产生准备了物质和精神条件

　　1840年，英国发动鸦片战争，由于清政府的昏庸无能和腐朽落后，在战争中输给了英国。清政府战败后，1842 年 8 月签订了中国近代史上第一个丧权辱国的不平等条约——《南京条约》，此后中国开始逐步沦为半殖民地半封建社会。从 19 世纪 50 年代到 1900 年，西方列强先后发动了第二次鸦片战争、中法战争、中日甲午战争和八国联军侵华战争，一系列条件更为苛刻的不平等条约也接踵而至。

国家被列强及其代理人所操控，领土和主权完整遭到破坏，列强通过不平等条约，对中国的人力、物力和财力进行榨取。清政府政治腐败，国内战乱不断，百业凋敝，灾害迭起，民不聊生。中国人民处在帝国主义、封建势力和官僚资本主义的多重压迫下，生活毫无希望，极其困苦，仁人志士苦寻出路不得。

外国资本主义和帝国主义入侵中国以后，挟其机器大工业的经济和技术优势，利用在中国取得的各种特权，倾销商品，掠夺原料，进而向中国输出资本，直接在中国经营工矿交通企业，垄断中国的经济命脉。中国在近代产生的由洋商、官办资本、民族资本、买办等主导的中国近代民族资本主义工业逐渐变为受资本主义和帝国主义控制的、从属于其利益的附庸。这不仅破坏了中国原有的经济发展，阻碍了中国民族资本主义工业的成长，同时也瓦解了中国封建社会自给自足的自然经济基础。

中国工人阶级就是在这样的历史过程中产生的，1949 年 8 月，毛泽东同志在《丢掉幻想，准备斗争》一文中揭示："帝国主义的侵略刺激了中国的社会经济，使它发生了变化，造成了帝国主义的对立物——造成了中国的民族工业，造成了中国的民族资产阶级，而特别是造成了在帝国主义直接经营的企业中、在官僚资本的企业中、在民族资产阶级的企业中做工的中国的无产阶级。""帝国主义驱使全世界的人民大众走上消灭帝国主义的伟大斗争的历史时代。帝国主义替这些人民大众准备了物质条件，也准备了精神条件。"

（二）马克思主义的传播为中国共产党的成立奠定了政治基础

1917 年，俄国十月革命的胜利，向世界证明了马克思主义唯物史观原理的正确性和科学性。唯物史观作为马克思主义原理的重要组成部分，也开始被中国先进分子所推崇和争相研读。马克思主义的传播为中国共产党的成立奠定了思想、理论基础，也为中国的工人运动指明了方向。有了马克思主义的理论武装和中国共产党的领导，以二七大罢工为代表的中国工人运动进入了新阶段。

1. 马克思主义的主要传播者

中国最早一批马克思主义者是指那些内心接受、正确把握、实际运用马克思主义的先进分子，主要分为三种：一是一批曾经拥护辛亥革命和参加新文化运动、五四运动的知识分子，其信仰从资产阶级民主主义转向共产主义，成为马克思主义者。二是一批青年学生和知识分子受到俄国十月革命胜利的鼓舞，寻求十月革命的真谛。三是一些反对封建统治和反对帝国主义的革命志士，他们从马克思列宁主义中发现了救国的真理，最终成为坚定的马克思主义者。

中国马克思主义的主要代表人物李大钊在 1911 年辛亥革命之际，热烈地向往资产阶级共和国。1913 年李大钊东渡日本留学，既接触到了民主主义思想，也接触到了社会主义思想。辛亥革命后中国的状况和俄国十月革命的成功，引发了中国知识分子新的思考。李大钊潜心研究俄国革命，于 1918 年 7 月发表了《法俄革命之比较观》，这篇文章被看作中国知识分子关于俄国革命最早的议论，之后李大钊又相继发表了《庶民的胜利》《布尔什维主义的胜利》等文章。李大钊于 1918 年底创办《每周评论》，以科学的态度研究马克思主义，被誉为中国第一位马克思主义者。1919 年 5 月李大钊负责将《新青年》第 6 卷第 5 号编辑为"马克思主义研究"专号，并发表《我的马克思主义观》一文，全面阐述了他对马克思主义理论的理解和掌握。马克思主义哲学、马克思主义政治经济学和科学社会主义是马克思主义理论的三大主要组成部分。李大钊认为唯物史观是整个马克思主义理论体系的基础和精髓。这篇文章也被看作中国人的第一篇系统研究和介绍马克思主义等基础理论的作品，在中国的马克思主义传播史上具有重要的学术地位。此后，李大钊先后发表了《唯物史观在现代史学上的价值》《物质变动与道德变动》等多篇文章来介绍唯物史观。可见他对唯物史观的重视程度。李大钊通过利用北京大学等学校的课堂来宣传马克思唯物史观，通过为青年学生开设唯物史观的相关课程，来广泛传播唯物史观。先进分子通过学习和运用马克思主义唯物史观来科学解决中国的实际问题，也使得马克思主义基本理论为更多人所认可，这标志着马克思主义在中国进入了比较系统的传播阶段。这期间，李大钊还在《新潮》《少年中国》《国民月刊》《新生活》《晨报》等刊物上发表了一系列文章，大力宣传马克思主义，产生了广泛的社会影响。

另一位主要代表人物陈独秀在1913年"二次革命"失败后流亡日本，其主要吸收的是欧美资产阶级民主主义思想文化；陈独秀于1915年从日本回国后在上海创办《青年》杂志，主要介绍西方文化思潮，掀起了新文化运动。五四运动后，陈独秀发表《本志宣言》，开始揭露资产阶级民主制度的虚伪实质，此后开始关注苏联。1920年发表的《谈政治》，表明陈独秀开始从激进民主主义者转变为马克思主义者。

除李大钊、陈独秀外，毛泽东、周恩来、董必武、陈潭秋、恽代英、王烬美等各地具有初步共产主义思想的知识分子，都在传播马克思列宁主义、促进马克思主义同中国工人运动的结合上做出了积极的贡献。

2. 马克思主义传播的两大实践运动

俄国十月革命的影响。列宁领导的俄国十月革命和苏维埃政权的建立，对整个世界范围的民族民主解放运动产生了不可估量的影响，指导了新的革命道路和革命方向。俄国十月革命中，工人阶级及其政党成功领导了革命，实现了劳动人民当家作主。在这之前，反抗封建制度的民主革命是资产阶级的专利，反抗外来侵略的民族解放运动往往是由当时的统治者领导的。在中国近代史上，太平天国运动虽然在一定程度上打击了清朝封建独裁统治和帝国主义在华势力，但农民起义的阶级局限性是显著存在的，信奉的依旧是封建思想，必然以失败告终。辛亥革命是资产阶级领导的民主主义革命且推翻了清朝的统治，但却没有触动封建统治的基础，还对西方帝国主义外部列强势力抱有不切实际的幻想，结果必然不能改变中国的命运。俄国十月革命胜利的号角，一下子唤醒了中国人，不仅使一些资产阶级革命者摒弃以前的旧方法、旧思想，转而投入到社会主义救中国的革命中，而且真正鼓舞了中国的无产阶级和广大劳动人民，给予他们新的希望、新的憧憬、新的斗争方向。

五四运动的影响。五四运动是一次彻底的反对帝国主义和封建主义的爱国运动，是一次伟大的思想解放运动，五四运动促进了马克思主义在中国的传播。五四运动之前的新文化运动虽然高举"民主"和"科学"的大旗，但崇尚的还是西方资本主义价值观，希望以理性和反封建的文化、政治变革来拯救中国，但封建王朝覆灭后的封建复辟和帝国主义列强无视中国利益的惨痛教训，逐步让中国的革命志士认识到，单纯地依靠精英和模仿欧美政治制度难以解决中国自己的问题，只有进行彻底的社会革命，改变现有的经济基础，才能解决中国的问题，只有按照马克思主义的基本原理改造中国才是根本出路。

五四运动后，以陈独秀、李大钊、鲁迅为代表的先进知识分子，毅然抛弃了旧的世界观，开始信仰马克思主义，从而促进了马克思主义思想的传播。在五四运动中，工人阶级同知识分子一起登上了运动舞台，使马克思主义知识分子找到了自己阶级的力量。五四运动之前的资产阶级民主革命，并没有看到广大劳动群众的力量，也不敢发动工人农民等广大劳动群众。五四运动以学生运动开始，以工人阶级和各界群众参与革命斗争并取得胜利收尾，极大地鼓舞了广大人民群众，促进了中国人民的觉醒，也让革命者看到了自己的阶级力量。先进的革命志士进一步认识到，必须按照俄国十月革命的道路，依靠工人阶级和劳动人民，对帝国主义和封建主义进行坚决的斗争。五四运动后，马克思主义不仅在中国广泛传播，而且马克思主义与中国无产阶级结合起来，与工人运动结合起来，为中国共产党的成立奠定了思想基础和群众基础。[①]

马克思主义的大众化传播对民众产生了广泛的影响。马克思主义在经历了艰苦斗争的情况下，经历了中国共产党的正确主张和实践的不断胜利等反复证明之后，才得以不断扩展影响并逐渐深入人心。

（三）中国共产党的成立为工人阶级的发展指明了方向

随着马克思主义的不断传播，越来越多的中国人对马克思主义开始有了了解，更有积极的先进分子在马克思主义的熏陶下日益成熟，逐步转变成为共产主义者。在这样的一个时代背景下，中国需要一个新的政党承担起改变国家命运的使命，推动革命的进一步发展。五四运动在当时极大地促进了马克思主义与中国工人运动的结合，为中国的工人运动指明了方向，中国急需一个工人阶级的政党。在这种情况下中国共产党应运而生。

---

① 方松华.马克思主义中国化理论前沿［M］.上海：上海社会科学院出版社，2016.

作为先进知识分子的先锋和领路人的陈独秀、李大钊，承担起了这一历史重任。当时，陈独秀和李大钊都在北京大学工作，陈独秀任北大文科长，李大钊任图书馆主任，他们都时刻关注着国际形势和国内局势的发展，对中华民族的未来有着深深的担忧，都在探索中国革命的新道路，思考着如何将中华民族引向光明的未来。

陈独秀和李大钊相约在上海和北京筹备建立共产党组织，在中国共产党的创立过程中，列宁领导的共产国际给予了很大的帮助。为了解中国国内情况，1920 年 4 月，经共产国际批准，列宁派俄共（布）远东局负责人维经斯基来华。维经斯基先后与陈独秀和李大钊进行了深入交流，讨论建立中国共产党的问题，认为在中国创建中国人自己的革命政党的时机已经到来。

1920 年 5 月，陈独秀在上海成立了马克思主义研究会；同年 6 月，上海马克思主义研究会的成员开始酝酿成立共产主义小组。经过与李大钊和共产国际人员的认真协商，确定"共产党"为党的名称。1920 年 8 月，上海共产党早期组织正式诞生。1920 年 10 月，李大钊发起成立了北京共产党早期组织，李大钊为负责人。1920 年秋天，武汉的共产党早期组织和东京的旅日共产党早期组织成立。1920 年冬至 1921 年初，长沙的共产党早期组织和济南的共产党早期组织成立。尽管这些共产党早期组织的名称不一，有的叫"共产党"，有的叫"共产党支部"或"共产党小组"，但性质是相同的，都是中国共产党的地方组织，后来被统称为"共产党早期组织"。

各地的共产党早期组织的建立，有组织、有计划地扩大了马克思主义的研究和宣传，批判了各种反马克思主义的思潮，促进了马克思主义同工人运动的结合，为中国共产党的正式成立创造了条件。

经过约一年的筹备，党的建立已时机成熟。各地共产党早期组织的代表秘密来到上海。1921 年 7 月 23 日晚，在上海法租界望志路 106 号（现兴业路 76 号），中国共产党第一次全国代表大会正式开幕；大会最后一天转移至浙江嘉兴南湖的一艘游船（红船）上进行，最终会议圆满落幕。会议讨论并通过了中国共产党党纲，确定党的名称为"中国共产党"；选举陈独秀、张国焘、李达组成中央局，陈独秀担任中央局书记。

中国共产党第一次代表大会规定党的奋斗目标是：以无产阶级革命军队推翻资产阶级，由劳动阶级重建国家，直至消灭阶级差别；承认无产阶级专政，直到阶级斗争结束，即直到消灭社会的阶级区分；废除资本私有制，没收一切生产资料，如机器、土地、厂房、半成品等生产资料，归社会公有。大会通过的关于当时实际工作的决议，"确定党成立后的中心任务是组织工会，领导工人运动"。①

中国共产党一经成立，就旗帜鲜明地把共产主义规定为自己的奋斗目标，坚持用革命的手段实现这个目标。中国共产党从开始时就把自己与工人阶级紧密地联系在一起，维护工人阶级（无产阶级）的利益，把工人组织起来实现自己的目标。中国共产党的诞生使中国工人阶级有了自己的先锋队和指挥中心，有了可以团结和领导工人的核心力量，为全国工人阶级的斗争提供了重要的前提和保障。

中国共产党的成立是中国历史上开天辟地的大事件，有了中国共产党，中国就有了一支以马克思主义为指导思想的中国最先进的队伍——工人阶级的政党，中国共产党不仅是为工人谋福利，更是为中华民族谋发展，始终把为中国人民谋幸福、为中华民族谋复兴作为初心和使命。此前，中国的革命一直在失败、曲折和挫折中徘徊，自从有了中国共产党，中国革命的面貌也焕然一新，对中国工人运动的发展有划时代的意义，从此中国工人阶级和工人运动在中国共产党的领导下踏上了新征程，虽经风霜雨雪、流血牺牲、枪林弹雨，但始终在正确的道路上探索前进。

二、近代以来的国际形势推动了中国工人运动的发展

如前所述，中国的工人运动不是单独、孤立地出现于中国大地上，它是世界工人运动的一个重要组成部分。近代以来的国际形势对中国工人阶级的产生、工人运动和中国共产党的诞生有着重要的影响。19世纪三四十年代，英、法、德等国的工人阶级逐步发展壮大起来，开始了独立的政治运动，其中最著名的是两次法国里昂工人起义、英国宪章运动、德国西里西亚纺织工人起义。国际上工人运动发展的新特点表明，

---

① 逄先知. 毛泽东年谱（1893—1949）（上）[M]. 北京：中央文献出版社，2013.

工人阶级作为独立的政治力量登上了历史舞台。工人阶级的斗争为马克思、恩格斯进行共产主义理论研究提供了宝贵的经验，推动了马克思主义的产生；工人运动的失败，从反面说明了创立科学的革命理论的迫切需要。随着资本主义的发展，西方列强和日本先后走上了对外扩张、对内压迫的道路。

帝国主义在全世界的侵略、掠夺不但激起了各国人民反抗帝国主义的浪潮，也激发了中国人民的民族意识、中国工人阶级的革命意识和斗争意识。中国的工人阶级和广大劳动人民之所以在后来的革命斗争中特别坚决，特别能战斗，特别不惧威胁，特别不怕牺牲，与长期以来帝国主义的侵略和压迫有很大的关系。二七大罢工集中反映了中国工人阶级上述的几个特点。以二七大罢工为代表的中国工人运动是国际工人运动史上的一座丰碑，是中国人民反抗帝国主义压迫的重要战场。

（一）西方列强瓜分世界的浪潮加重了中国人民所受的压迫

18世纪中后期发生的工业革命虽然推动了资本主义的迅速发展，但也导致资本主义社会基本矛盾日益暴露，出现了资本主义经济危机，欧洲国家的工人率先拉开了反抗资产阶级统治，维护工人利益的帷幕。西方列强为转嫁危机和掠夺的需要，在19世纪末掀起了瓜分世界的浪潮，中国是被其瓜分的重要对象。列强的侵略加剧了中国人民和其他被侵略国家人民的苦难，激发了世界范围内的工人运动，刺激了中国人民族意识的觉醒。

英国是最先对中国发动较大规模侵略战争的西方国家，也是工业革命最先发生的国家。工业革命促使英国国家实力迅速上升，资本主义获得了巨大的发展，因此英国对外侵略、扩张、殖民的脚步最大、程度最深、范围最广。英国对中国的侵略有长期性、不间断性，以南亚次大陆、东南亚为基地，逐步向东扩展。从18世纪中期至19世纪中期，英国人用了大约一百年的时间完成了对南亚次大陆的征服，控制了从欧洲通往亚洲东部的要路，有了从经济和军事上侵略中国的跳板和基地。1840年鸦片战争的失败，打击了清朝统治者的迷梦。在西方列强入侵之前，以中国为中心的国际体系已经运行数千年。西方对亚洲各国的侵略与以中国为中心的国际体系的瓦解是在同一时期发生的，以欧洲列强为中心的国际关系体系正在形成，中国被逐步强制性地纳入新的国际关系体系中。

欧洲强国之一的法国也开始了在亚洲的侵略扩张，并联合英国于1856年对中国发动了第二次鸦片战争。1862年，法国在东南亚的柬埔寨建立了侵略据点，并稳步扩大其占领范围。19世纪末，法国控制了越南等地，对中国南部地区的安全造成了重大威胁。以越南等为基地，法国侵略的势力不断向中国渗透，其中以云南和广西最受影响。1885年中法战争爆发，虽然清政府在战争中击败了法国侵略者，获得了战争胜利，但却签署了屈辱的条约，导致中国南部地区在战争结束后依然受到法国的威胁。民族危机的不断加深，也促使中国近代工业在逆境中发展，中国工人阶级的数量不断增长。

19世纪末，实力快速增长的德国也紧随英法的脚步，开始对外扩张，同样把目标对准了中国。1897年，借保护德国传教士为名，德国占领了中国山东的胶州港并迫使清政府将其割让给德国。德国政府希望将胶州地区变成真正的德国定居点和德国在亚洲东部地区对外展示权力和影响力的输出点。

当时的沙俄同样不甘落后，沙俄利用其在欧亚大陆的优越地理条件，长期通过陆路在亚洲扩张。原本中国和沙俄两国并不接壤，但经过上百年的不断扩张，沙俄越过了中亚地区和西伯利亚，将自己的边界推进到与中国北方接壤的地方。同时，在亚洲中心地带，沙俄在紧邻中国西北的帕米尔高原地区建立了前哨基地，这从东北方向和西北方向严重威胁了中国的领土安全。从19世纪中叶开始，沙俄借着清政府与英法作战的时机，以各种方式强迫清政府割让了黑龙江以北、外兴安岭以南的大片领土。然而，沙俄并不满足，之后又强行从中国获得了太平洋上重要的亚洲海港之一——旅顺港的租借权，并公然进占中国东北。19世纪末至20世纪初，沙俄甚至将侵略的目光投向中国西藏，与英国争夺侵略西藏的先机。

这种局面意味着当时的中国面临着来自列强从海洋和陆地所有方向的侵略与压迫。列强愈是侵略，中国的财富就被掠夺得越多，中国人民所遭受的苦难愈是深重，中国人民的反抗就愈发激烈。列强的侵略并不止于老牌的资本主义国家，新兴资本主义国家美国、日本同样迅速加入了侵略和掠夺中国的行列，将中国人民推向更加痛苦的深渊。

18 世纪晚期独立后的美国是后起的资本主义国家，具有独特的地理优势和发展条件，成长十分迅速。随着实力的不断增强，美国资产阶级和奴隶主阶级的扩张欲望就开始膨胀。美国在向外扩张侵略的过程中，由于其军事实力还不如欧洲老牌帝国主义国家那样强大，其主要通过间接的方式，如采取经济援助、军事援助、文化渗透、组织军事集团、扶植代理人、制造分裂、进行颠覆活动等来扩大自己的控制范围。由于欧洲列强和日本在中国都已获得各自的势力范围，美国为了既能从中分一杯羹，又避免与列强发生冲突，在 1899 年和 1900 年两次向英、法、德、日、意、俄六国提出在华"门户开放"的政策，即承认各国在中国的"势力范围"和既得特权，同时要求在各国租借地和"势力范围"内享有均等贸易机会。侵略中国的各帝国主义国家虽然对美国提出的"门户开放"政策有不同的态度，但它们也意识到各国均无力单独占领中国，这其中最重要的原因是中国人民对外国侵略的强烈反抗。美国提议的本质是拉拢各国一起共同压迫中国人民，掠夺中国财富。这反映出帝国主义国家在对外侵略时，既有共同的利益，也有不可调和的矛盾。

日本对中国的侵略虽然相对较晚，但却最为凶狠，给中国人民造成的伤害也最大。19 世纪后半叶，在明治维新取得初步成果后，日本便急不可耐地重新开始了向亚洲大陆扩张的计划。日本侵略成性并非始自 19 世纪晚期，而是在 7 世纪、15 世纪、16 世纪多次尝试侵略朝鲜半岛、琉球群岛和中国东南沿海地区，妄图侵略中国，但都被中国人民击败。由于近代中国的衰落，日本的侵略图谋终于取得了实质性进展。19 世纪晚期，日本首先吞并了琉球国，随后又侵略朝鲜，并直接发动了中日甲午战争。在中日甲午战争中，清军在海上和陆上都惨败于日军，彻底暴露了清政府的腐朽和无能。中日甲午战争中清政府战败等于向列强发出了明确的信号，原来中国已经虚弱不堪，这加快了中国被列强瓜分的命运。败于日本仅三年之后，列强迅速掀起了瓜分中国的浪潮。败于日本的现实也刺激了中国国内革命因素的成长。孙中山由原来的寄希望于清政府的改良转为投身革命，建立了兴中会，传播革命思想，组织革命力量。1904~1905 年，日本在日俄战争中又打败欧洲强国沙俄，令西方大为震惊。这意味着十年之内，日本先后打败东西方两大国家，标志着日本跻身世界列强行列，成为列强拉拢和利用的伙伴。

日本战胜沙俄的事实令当时长期受西方压制的中国颇感震惊，中国的民族意识被加速唤醒。越来越多的中国人前往日本、美国和欧洲国家学习新知识、新思想、新技术、新军事，并将这些新知识、新思想源源不断地传回国内，在一定程度上激发了中国人的民族自强意识，助推了中国工人阶级的成长，也加速了清政府的倒台。1895～1913 年，中国产业工人的数量由原来的 10 万人迅速扩大了 10 倍，到第一次世界大战前达到上百万人。

（二）世界大战的爆发和战后利益分赃进一步促进中国人民的觉醒

1914 年，第一次世界大战在欧洲爆发，列强忙于在欧洲利益的争夺，暂时无暇顾及在亚洲东部地区的扩张。大战之初，北洋政府有部分人士主张站在以英法俄为主的协约国一边参战，对德国宣战，以收回山东半岛的权益，阻止日本扩张在中国的势力，并借此提高中国的国际地位。北洋政府于 1914 年 8 月 6 日公布《中华民国中立之正式宣布》，宣布中国保持中立。日本政府认为出兵抢占德国在中国的利益时机已到，在北洋政府声明发布 9 天之后，于 8 月 15 日向德国提出最后通牒，要求德国解除远东舰队的武装并撤出亚洲，把胶州湾租借地无条件转让给日本。8 月 23 日，德国没有在限期内做出答复，于是日本向德国宣战。1918 年 11 月，德国战败，如何处理德国在中国的利益，成为战后斗争的焦点。

1919 年 1 月 18 日，战胜国在巴黎的凡尔赛宫召开和会，讨论对战败国的和约问题，列强想通过和约的缔结，宰割战败国，进行分赃，建立战后帝国主义的世界新秩序。日本利用大战时机夺取了德国在中国山东的全部权益和在太平洋上的岛屿属地。中国是战胜国，当然有权直接收回德国在山东侵占的一切非法权益。但日本代表威胁，如果不满足日本接管德国在山东的一切利益，日本就不在和约上签字。英、法、意因为希望日本在欧洲问题上支持自己，所以支持日本对山东的要求；美国总统威尔逊因担心日本拒签和约会使国际联盟流产，便背弃对中国的承诺，向日本让步。结果和约完全满足了日本的要求。巴黎和会上帝国主义的霸权争夺伤害了作为战胜国的中国的权益。中国人民对巴黎和会粗暴践踏中国主权的行为表示强烈反对，掀起了轰轰烈烈的"五四运动"。在全国人民反帝爱国高潮的推动下，中国代表拒绝在和约上签字。巴黎和会列强分赃不均令中国人民认清了弱国无外交、强权即是公理的国际外交关系规则。也让中国先进的知识分子意识到依靠旧政治力量根本无法改变中国的命运。历史上欧美主流文化的习惯是以实力说话，服强不服软，往往会把东方的谦让、谦逊当成软弱可欺，会落井下石、步步紧逼，最大限度确保自己的利益。

战后帝国主义国家无视中国作为战胜国的地位，把中国的利益在列强之间转手的行径，令原本寄希望于列强主持公道的国人十分失望，看穿了帝国主义国家的真实面目，使越来越多的中国人意识到只有自立自强才能改变中国的命运。唯有强大的国家才能让人们摆脱受帝国主义奴役的命运，不再成为它们利益交换的筹码。一百多年前，中国人从以西方为中心的国际关系体系中获得的经验教训，在今天仍有很强的现实意义。一百年前的二七大罢工证明了中国工人阶级是中国走向自信自强的勇敢坚定的探路者。

第一次世界大战后的几次会议暂时确定了帝国主义在亚洲东部、太平洋地区的新秩序，完成了战后帝国主义世界统治的新体系。这是战胜国中的帝国主义国家在共同宰割战败国，但帝国主义国家之间的矛盾并没有消除，将来还会发生新的战争；战胜国与战败国之间的矛盾也空前尖锐起来，各国人民的反帝斗争不断高涨。

（三）俄国革命形势的发展和十月革命的胜利鼓舞中国工人阶级的壮大

俄国革命对中国形势的影响从大的角度来说，可以分为十月革命之前和之后两个阶段。沙俄虽然是欧洲国家，但因文化、宗教、地理等原因，与欧洲其他国家数百年来纷争不断，但在侵略扩张上与欧洲列强的步调一致。由于相对落后和沙皇的封建统治，沙俄人民遭受的压迫和苦难相比欧洲其他国家的人民更深更重，反抗也最为激烈，对中国的影响最大。这是俄国十月革命爆发的一个重要原因。

1. 俄国十月革命前的俄国革命形势和俄国工人运动状况

19世纪末沙俄工业化造就了俄国第一批产业工人，这时欧洲其他国家的工业化早已完成。俄国工人在当时的社会地位十分低下，生活极为困苦，他们中多数原本是农民，因贫困和饥饿逃离农村，加入了产业工人的行列，成为早期资本主义阶段"血汗工厂"制度的剥削对象。到 20 世纪初，沙俄社会矛盾日益严重。俄国工人的工资低，劳动时间长，劳动条件恶劣，各地罢工不断。沙俄的产业工人数量虽少但是力量大。

沙俄在 1904～1905 年日俄战争中的境遇与十年前清政府的境遇类似，两者都暴露出统治阶级的昏庸无能，制度的腐朽没落，军队的外强中干。沙俄在对日战争中的失败打击了沙俄统治者和俄军的自信，加剧了沙俄人民对沙皇封建反动统治的怀疑和愤怒，加速了革命的到来。1905 年初，圣彼得堡民众的请愿活动遭到沙皇军队的血腥镇压，此后在全国引起了长时间的动荡。这次革命虽没有改变沙俄的专制制度，但深刻暴露了沙俄内部不可调和的阶级矛盾。新的革命在等待时机。

第一次世界大战导致的全面危机在俄罗斯引发了规模更大的革命。第一次世界大战开始的第二年，俄军损失惨重，大片国土落入敌手，战争困境使国内危机空前加剧，经济瘫痪，国库被掏空，财政几乎破产，官吏利用经济混乱侵吞社会财富，使俄罗斯人民的生活雪上加霜，民不聊生。军事失败、经济危机也导致统治集团内部矛盾激化，革命形势日益成熟。

1917 年，列宁领导的十月革命建立了苏维埃政权，决定性地改变了俄国的命运，开创了社会主义发展道路。俄国十月革命虽然没有引爆西方发达国家的无产阶级革命，但却在东方的中国产生了出人意料的效果，给 20 世纪的世界历史留下了深刻烙印。

2. 俄国十月革命之后的五年中俄（苏）合作大大加快

1917 年俄国十月革命的成功对中国工人运动的发展和中国共产党的成立有着重大影响。但俄国十月革命的影响并不仅仅局限于 1917 年 11 月 7 日那一天，而是在后续 5 年里始终对中国的革命形势发挥着重要作用。简单来说，俄国十月革命对中国的影响可分为三个阶段：首先，俄国十月革命一声炮响给中国送来了马克思列宁主义。其次，1918～1920 年，苏维埃政权成功打退了帝国主义和国内旧势力的反扑，稳住了革命政权。最后，1921～1922 年，苏维埃政权逐步将外国干涉军驱逐出国境，1922 年 12 月建立苏联。至此，俄国十月革命才算最终成功。

虽然 1917 年十月革命的成功极大地鼓舞了中国和其他国家的劳动人民，但在当时来说，新生的苏维埃政权仍然面临着严重威胁，新政权能否站稳脚跟在很多人心中打了个问号，革命的前景实际上并不十分明朗。在 1917 年俄国十月革命爆发之后至 1922 年 10 月，14 个帝国主义国家公然派兵武装干涉苏俄。从 1918 年 3 月起，以英国、美国等为首的一方就迫不急待地纷纷派出军队进攻苏维埃政权，占领军事要地摩尔曼斯克、阿尔汉格尔斯克等地。就连刚刚与苏维埃签订《布列斯特和约》的德国也违反条约派兵进入苏俄境内。日本也以保护侨民为名，出兵占领海参崴（符拉迪沃斯托克）。沙俄旧贵族和地主资本家在帝国主义国家的支持下几次举行大规模武装叛乱，对新生的苏维埃政权发动反扑。但上述均被苏维埃政权击败。1922 年 10 月，外国干涉军全部被逐出苏俄领土。

1922 年 12 月，苏联建立。这时距 1923 年 2 月二七大罢工的发生只有两个多月的时间。历史的车轮滚滚向前，时代的大潮猛烈冲击着旧制度、旧社会、旧思想、旧习惯。

中国共产党的成立和中国工人运动第一次高潮正是在苏维埃政权成功击退帝国主义的干涉和沙俄旧势力反扑，革命政权日趋稳固后开始的。1921 年 7 月中国共产党成立之前，沙俄旧势力的反扑基本被消灭，帝国主义国家的联合干涉已是强弩之末。1921 年 7 月中国共产党在共产国际代表的帮助下建立了。1922 年，苏维埃把外国干涉军全部赶出苏俄，革命成果得到稳固，苏俄工人阶级牢牢掌握了政权。其间，1920年春，苏维埃政府发表第一次对华宣言，宣布废弃沙俄在中国境内享有的一切特权，对社会主义思想在中国的传播给予新的有力推动。近代以来，以孙中山为代表的中国人一直在寻找平等待我之民族，此宣言对当时中国人触动很大。受苏俄革命形势和对华宣言的影响，孙中山开始接受苏俄（苏联）的帮助。中国工人阶级和广大劳动人民在苏俄（苏联）的身上看到了希望的曙光，找到了革命的方向。

可以说，俄国十月革命后的苏维埃政权的成功鼓舞了年轻的中国共产党和中国工人阶级，也鼓舞了世界各国的工人阶级和劳动人民，国内外的形势都十分有利于党的事业和工人运动的发展，中国工人运动的大爆发已箭在弦上。

三、中国工人阶级的状况和工人运动的兴起

毛泽东指出："自从一八四〇年鸦片战争失败那时起，先进的中国人，经过千辛万苦，向西方国家寻找真理。"帝国主义的侵略打破了中国人学西方的迷梦。中国人找到了马克思列宁主义，中国革命的面貌发生了根本性变化。

（一）中国工人阶级的悲惨境遇

中国工人阶级在产生初期，经济地位低下，工时长、工资低、工作条件差。中国工人阶级所受的剥削和压榨在世界各国都是少见的。中国工人的劳动时间很长，工人一般每天劳动 12 小时以上，多的达到每日 15~16 小时，有的甚至长达 20 小时。多数工厂没有休息日，或者每月只有初一、十五两天可以休息。中国工人的工资非常低，1919 年前后，普通工人的工资每天只有 1~4 角，而当时一担米的价格是 10 元左右。中国工人没有劳动保险，没有能力应付诸如失业、生老病死或伤残等变故的发生。一般厂矿企业的通风、照明和卫生条件极为恶劣，安全设备几乎没有，事故层出不穷，工人的生命安全毫无保障。例如，当时的煤矿用马拉煤，死一匹马的损失是 60 元，而因事故死亡的工人只给抚恤金 20 元。各种工矿企业对工人的管理都极其野蛮，厂主、监工、大小把头都可以任意打骂凌辱工人。在清政府的官办企业和一些矿区，都派驻了军队，有些厂矿还设立了审讯工人的公堂，用枷、笞、棍、棒等刑具和监牢惩罚工人。在华的外国企业中，帝国主义者还利用"治外法权"，任意蹂躏和压榨中国工人。在政治上，中国工人处在封建主义和军阀统治的压迫下，毫无自由、民主、尊严可言。北洋政府颁布的《报纸条件》《暂行新刑律》《治安警察条例》等，把工人的集会、结社和罢工视为严重的犯罪行为，加以残酷镇压。中国工人就处在这样严酷的压迫和剥削下，生活极其困苦。①

曾有人这样描述当时工人的劳动情况，"上海纱厂的工人有些是来自近郊农村中的，他们的家离工厂常常有好几英里。一个年轻的女工以每月两元五角的工资供养一个寡母和几个弟弟妹妹，她每天早晨四点钟

---

① 唐玉良．中国民主革命时期的工人运动史略［M］．北京：工人出版社，1985．

便起身上纱厂，因为她步行到纱厂要花两个钟头。到下午六点钟她的日工交班后，还要步行两个钟头才到家。这个年轻的姑娘常常把月光当成破晓的曙色，在半夜三点钟或更早的时候便起身了。在天气好的时候，这种步行倒没有什么，可是在冬季寒冷的日子，寒风刺骨，下着雨，道路非常泥泞时，步行是什么情形呢？对于缠足的妇女，对于穷得坐不起有五六人同座的手车的妇女，这种情形是最难堪的。而在前面等着她的，却是十二个小时不间断地长时间的劳动。"①

（二）工人阶级成长的主要阶段

中国工人阶级的成长主要分为三个阶段：

第一阶段是 1840 年至 1894 年中日甲午战争爆发前。第一次鸦片战争后，英、美、法等西方资本主义国家，利用在中国取得的特权，在沿海通商口岸兴办了新式航运企业、船舶修造企业和原材料加工企业等；还陆续开办了轻工业企业，并在各地租界内开办了一些电灯、电车、自来水和煤气等公用企业。随着这些外国资本主义企业的建立，中国第一批产业工人产生了。

从 19 世纪 60 年代起，清政府主张利用西方技术加强军备，为挽救封建统治开展了洋务运动，创办了一些军火工厂及一些民用工矿交通企业。从这些官办企业中产生了中国的第二批产业工人。

从 19 世纪 70 年代起，允许私人投资开办工厂、煤矿公司和轮船公司等。从这些民族资本兴办的新式企业中产生了中国的第三批产业工人。

到 1894 年，从这三种近代企业中产生的产业工人约有 10 万人。

第二阶段是 1895 年至 1913 年第一次世界大战爆发前。这一阶段，西方列强掀起了瓜分中国的狂潮。一方面中国滑向半封建半殖民地的深渊；另一方面，1895 年以后，西方列强在中国展开了投资办厂、修建铁路、开发矿产、扩张航运、垄断金融财政的激烈竞争，受雇于这些企业的中国工人数量在十余年内增加了十倍。到 1913 年，全国产业工人总数已增加到约 100 万人。

---

① 汪敬虞. 中国近代工业史资料：第二辑 1885—1914 年（下册）[M]. 北京：科学出版社，2016.

随着帝国主义侵略的加剧和民族危机的加深，中国的部分政治精英、民族资产阶级和爱国人士，先后发起了戊戌变法和辛亥革命等运动，推动了中国民族资本主义企业的发展和政治变革，但却依旧改变不了积贫积弱的命运。工人阶级的数量虽然增加许多，但命运依然悲惨，依旧没有出路。

第三阶段是 1914 年至 1919 年五四运动。1914 年爆发了第一次世界大战，欧洲各国忙于在欧洲的战争，暂时放松了对中国的侵略，中国民族企业有了一次难得的发展机会，出现了短暂的"黄金"发展期，工人数量剧增。

到 1919 年五四运动之前，全国产业工人数量增长了一倍，达到约 200 万人。

除此以外，中国原有的手工业工人、店员和苦力工人，他们人数众多，同样忍受着深重的压迫和剥削，有强烈的革命诉求。这个群体或多或少与资本主义的机器大工业有着联系，因此也成为以产业工人为核心的中国近代工人阶级队伍的组成部分，在革命斗争中发挥着重要作用。当时中国还有数量庞大的农村人口，长期受到封建主义和帝国主义的沉重压迫和剥削。总而言之，工人阶级与广大劳动人民的悲惨境遇成为后来中国共产党带领群众反抗阶级压迫和剥削的重要因素。

（三）工会组织的成立和发展壮大

早期工人由于缺乏阶级觉悟，不懂得建立自己的组织，为了能够在复杂的社会和严酷的环境中生存下去，他们大多数参加了各地流行的行会、帮口和各种封建性的秘密结社。这些行会、帮口等组织在旧中国十分流行，当时的工人缺少先进思想和理论的指导，很难摆脱对这些组织的依附。早期工人参加的秘密结社多是在下层民众中建立发展起来的，参加者的成分很复杂，多数是劳动者，也有大量无业游民和地主阶级中部分下层人员。

辛亥革命前后，新兴资产阶级为了争取工人对其发展实业和进行民主革命的支持，在工人中多次组织活动。孙中山曾先后在香港、广州建立了"中国研机书塾"和"广东机器研究工会"等组织，吸收机器业的工人参加。孙中山后来还建立了吸收海员和进步人士的联义社，团结一切可以团结的力量并为革命斗争打下了基础。此外，湖南部分人士建

立了"湖南工业总会",又称"湖南省总工会",四川部分商绅建立了
"四川工务总会",上海成立了"无政府共产主义同志会",但这些组织
多数有名无实,对工人及劳动人民的影响并不明显。

辛亥革命后,五四运动前夕,有些地方的工人开始突破原有的行帮
组织的束缚,自发成立了一些职工组织和团体。在上海,先后建立了缫
丝女工同仁会、江南制造局的制造工人同盟会等;在武汉,先后产生了
汉口租界的车夫同益会、汉阳兵工厂的工业同盟会等;在长沙,先后建
立了铅字印刷工会、湖南印刷工会等。这些职工自发建立的组织,都还
受封建行帮思想的影响,有些主要代表中小资产阶级的要求,有些成立
不久就被解散,所以还不能算是真正意义上的工会。但这些组织主要是
由雇佣工人组成的,能或多或少地反映工人的诉求,可以称为工会组织
的萌芽。随着工人思想的不断进步,以及在自发组织中积累的经验,工
人对真正的工人团体即工会组织产生了热烈的期望和渴求。中国近代工
业的发展也为中国工会的成立提供了客观基础和实际动力。

1917 年俄国爆发十月革命,中国工人终于有机会接受新思想的指
导,在随后爆发的五四运动中,中国工人第一次展现出自己的力量,以
浩大的声势参与了反帝爱国斗争,发挥了主力军的作用。革命知识分子
更是看到了工人的巨大潜力,促使他们加快与工人相结合的步伐,并把
中国革命的希望寄予在工人阶级身上。

李大钊等革命先驱开始提出知识分子应与劳动群众相结合,在李大
钊的指导下,北京的进步学生走出学校,到工农群众中进行实际的革命
工作。1920 年,邓中夏带领讲演团到达长辛店,与工人积极分子联系,
在当地建立了开展宣传活动的固定场所,这是中国共产主义知识分子与
工人群众相结合的一个起点。陈独秀、毛泽东也相继在上海、长沙等地
结合马克思主义进行研究和宣传。

随着各地共产主义小组的建立,共产主义积极分子进一步宣传马克
思主义思想,创办了《劳动界》《劳动音》《劳动者》《工人周刊》等
刊物,在工人群众中传播马克思主义思想,启发工人觉悟,鼓舞工人斗
争。此外,先进的共产主义知识分子纷纷加入教育和动员工人的活动
中,以开办工人学校的形式,传播马克思主义思想。1920 年 11 月,上
海共产主义小组建立了上海机器工会,这是中国工人阶级的第一个工会

组织。1921 年 5 月 1 日，在北京共产党早期组织的领导下，长辛店
1000 余名工人举行了庆祝五一国际劳动节大会，决定成立工会，后来
工会改组更名为长辛店工人俱乐部，这是中国第一个铁路工人的工会。

1921 年 7 月 23 日，中国共产党第一次全国代表大会在上海召开，
在会上通过的决议明确表示，党的基本任务是成立产业工会，要派党员
到工会去工作；同时，明确表示"因工人学校是组织产业工会过程中
的一个阶段，所以在一切产业部门均应成立这种学校"；强调"党应在
工会里灌输阶级斗争的精神"；决议表明"工会组织的研究机构应由各
个产业部门的领导人、有觉悟的工人和党员组成，应研究产业工会组织
的工作方法等问题"[①]。因此中国共产党的诞生为工会组织的成立提供
了重要的前提和保障。

为了深入贯彻执行中共一大决议，1921 年 8 月 11 日，中共中央在
上海建立了"中国劳动组合书记部"，作为领导工人运动的公开机关。
中国劳动组合书记部出版了《劳动周刊》，作为指导全国工人运动的机
关刊物。继上海之后，在北京、长沙、武汉、广州、济南等地，都建立
了中国劳动组合书记部的分部，除北京外，其他分部的主任都由当地党
组织的书记兼任。各分部在当地工人群众中开展工作，积极推动各地工
人斗争的迅速发展。

1922 年 5 月，由中国劳动组合书记部发起的第一次全国劳动大会
在广州召开，参加大会的代表共 173 人，代表 12 个城市、100 多个工
会组织、27 万多名有组织的劳动者[②]。第一次全国劳动大会通过了《罢
工援助案》及《全国总工会组织原则案》等，提出将来由各地方联合
会组成全国总工会，在全国总工会成立之前，由中国劳动组合书记部担
任全国总通讯机关。[③] 这在事实上公认了中国劳动组合书记部作为全国
工会组织的临时领导机关。

第一次全国劳动大会以后，为了按照大会决定的精神筹备建立全国

① 孙武霞，许俊基. 共产国际与中国革命资料选辑（1919—1924）[M]. 北京：人民
出版社，1985.

② 邓中夏. 中国职工运动简史 [M]. 北京：人民出版社，1953.

③ 中华全国总工会中国职工运动史研究室. 中国历次全国劳动大会文献 [M]. 北京：
工人出版社，1957.

总工会,中国劳动组合书记部积极推动建立地方和产业工会联合组织的工作。各地工会组织的建立和发展进入高潮。在劳动组合书记部武汉分部领导汉阳钢铁厂工人大罢工期间,汉口租界人力车工会、江岸京汉铁路工人俱乐部南段总部、粤汉铁路徐家棚工人俱乐部、扬子机器厂工人俱乐部四个工团发起,成立了中国第一个真正的地方总工会——武汉工团联合会。10月10日,武汉工团联合会正式改称湖北全省工团联合会。当时参加湖北全省工团联合会的工会有27个,会员4.8万多人。继湖北之后,劳动组合书记部湖南分部于1922年11月5日召开全省工会代表会议,正式成立了湖南全省工团联合会。

1922年12月,汉冶萍总工会在汉阳成立。这一总工会是由汉阳钢铁厂工会、安源路矿工人俱乐部、大冶下陆铁矿工人俱乐部、汉冶萍轮驳工会、大冶钢铁厂工人俱乐部五个工会组织组成的,共有会员3万多人,这是我国当时最大的一个产业工会。

中共一大和中国劳动组合书记部成立以后,在重点发动工人运动的情况下,特别重视开展铁路工人运动的工作。中共发出通告,要求各地党组织全力组建全国铁道工会,各地铁路工人纷纷建立工会或俱乐部。1922年4月9日,由邓中夏主持,在长辛店召开了京汉铁路总工会第一次筹备会议,决定开始筹备建立全路总工会。8月10日,在郑州召开京汉铁路总工会第二次筹备会议,决定在郑州建立全路总工会的筹备委员会,积极开展筹备工作。长辛店、郑州及江岸三地先后建立了工人俱乐部,并以这三个工人俱乐部为中心,在沿线各站陆续组建了多处工人俱乐部。京汉铁路各站工人俱乐部获得迅速发展,京汉铁路全线成立了16个工会组织。同年11月20日,劳动组合书记部在北京召开全国铁路工人代表会议,讨论通过了建立全国铁路总工会筹备委员会的决议,并决定1923年正式成立全国铁路总工会。各地工会组织的广泛建立和工人运动的蓬勃发展为二七大罢工创造了条件。

(四)中国工人运动的兴起

中国工人阶级产生后,工人运动的兴起经历了一个较长阶段。在由中国共产党领导的罢工运动之前,中国工人运动经历了最初零散的斗争,积累了一定的经验。但那时的工人运动缺少明确的阶级纲领的指导,也缺少明确的政治诉求。二七大罢工既是中国共产党早期领导和发动工人运动达到高潮的顶点，也是中国工人阶级及广大劳动人民长期奋斗和抗争的延续。二七大罢工是中国工人运动兴起、发展到一定阶段的必然产物。早期的中国工人运动主要经历了三个阶段。

1. 第一次鸦片战争到第一次世界大战前的中国工人运动

中国工人阶级从它产生的第一天起，就开始了反对三重压迫和剥削的斗争，特别是中国工人阶级是在帝国主义的侵略下产生的，中国工人阶级一开始就把斗争的锋芒首先指向外国侵略者，表现出反帝爱国的强烈要求和鲜明特点。

在第一次鸦片战争期间，广州等地的船工和手工业工人就曾参加或支援了当地人民的反侵略战争。1841 年 5 月，在广州三元里人民的抗英斗争中，就有当地的丝织工人和打石工人，用长矛、刀、剑和英军展开搏斗。1844 年，受殖民统治的香港当局通过"人头税"法案，限令香港居民每年到警察局登记一次，每人缴纳税款 1~5 元，香港居民举行了罢工进行反抗①。1858 年第二次鸦片战争期间，香港、澳门的 2 万多名市政、搬运和其他行业工人，纷纷罢工，反对英法联军的侵华战争。1860 年，受殖民统治的香港当局宣布实行"牌照法"，经商者必须领取牌照，缴纳牌照费，香港典当业商人和职工首先反对，进行罢工，坚持了 3 个多月。1879 年上海耶松船厂工人因反对外籍监工欺压工人而进行了罢工。1884 年中法战争期间，香港工人也曾举行了反法大罢工。这次罢工由香港船舶修造工人拒绝为法国修理船舰开始，受殖民统治的香港当局对待华人劳工的不公触及了整个劳工阶级的利益，引起了大规模罢工，工人的团结一致挫败了香港当局的武力压制。1895 年汉阳铁厂的罢工是因为工人被翻译委员笞责而引发的。1897 年，上海英美租界 6000 余名小车夫，反对工部局加捐进行了罢工。1905 年，哈尔滨总工厂工人为反对军官和长时间加班加点举行了罢工。

有的地方开始出现了产业工人的同盟罢工和几个不同行业的非产业工人同时罢工。1905 年，上海集成纱厂工人为反对工头压迫和克扣工资，先后组织了南北两厂工人的同盟罢工。1911 年 8 月，上海闸北四

---

① 潘荣新. 论鸦片战争时期广东民众反侵略斗争的原因 [J]. 东莞理工学院学报，2006 (6)：12-15.

家丝厂女工举行同盟罢工,并得到了梧州路勤昌丝厂和法租界久成丝厂女工的罢工响应。

2. 第一次世界大战到五四运动前的中国工人运动

1914~1919 年五四运动前的五年间,是中国工人早期的自发斗争开始走向高潮的阶段。这个阶段的工人斗争较之前有了更大的发展,罢工斗争日趋频繁。在这个阶段的五年多时间,中国共发生罢工斗争 185 次,平均每年 37 次。就全国来讲,这个阶段月月都有罢工活动发生,在上海等地还出现了一个月发生多起罢工和同一企业同一行业连续多次罢工的现象。

这期间出现较多的是同盟罢工,其中具有典型意义的是 1916 年天津市民反对法国侵占天津老西开的罢工斗争,这次斗争表明无产阶级开始作为一个阶级进行联合行动。当时法国企图完全侵占老西开街区,法租界工人实行了总罢工,持续五个多月,终于迫使法国不得不将老西开地区改为"中法共管"。

这个时期的许多罢工规模大,斗争激烈,坚持时间较长,在斗争的方式和领导方面也有所进步和加强。这些情况都表明 1919 年五四运动前夕,中国工人的早期自发斗争已经开始走向高潮,并且发展到了一个较高的阶段。

3. 五四运动到京汉铁路工人大罢工

五四运动促进了马克思主义与工人运动的结合,中国工人运动从这个阶段开始走上了自觉的、革命的新阶段。在这个阶段,中国共产党成立,开始领导工人斗争。有了中国共产党的领导,中国工人运动迅速发展。

1919 年 5 月 4 日由北京的爱国学生发起,迅速发展到全国各地的五四爱国运动是一次空前伟大的反帝反封建的革命群众运动。在这次运动中,刚刚发展壮大起来的中国工人阶级,受国际国内革命形势的影响,积极参加了斗争,开始以独立的姿态登上了中国的政治舞台。在 5 月 4 日的前两天,济南就有 3000 多名工人举行了演说大会,反对日本侵占青岛。5 月 4 日以后,北京上海各地都有许多工人同情和支持学生的爱国行动。

6 月 3 日,北洋军阀政府出动军警逮捕在街头进行爱国宣传的学生千余人,激起了各地工人和各阶层人民的极大义愤。6 月 5 日,上海日商纱厂工人首先举行罢工,抗议军阀政府的镇压,支持学生爱国运动;

随后，各行业工人也纷纷罢工，投入斗争。6月10日，上海全市罢工工人共达11万余人，此外，还有参加商店罢市的店员7万余人，形成了空前的爱国运动。继上海之后，唐山京奉铁路3000余名工人、长辛店京汉铁路工人、天津的人力车夫和杭州、九江等地的工人，也都纷纷举行了罢工。其他许多城市如济南、南京、长沙、武汉、杭州、芜湖、无锡、厦门、安庆等地的工人，也都参加了集会、请愿、游行示威和抵制日货等爱国斗争。

这次大罢工与当时各地的学生罢课、商人罢市，共同形成了以工人阶级为主力的斗争，使五四运动从单纯知识分子的爱国运动，发展成为有广大各阶层人民参加的革命运动，给了帝国主义和封建军阀政权以沉重打击，引起了他们的惶恐与不安。

中国共产党和中国劳动组合书记部在各地工人群众中积极开展工作，推动了各地工人斗争的迅速发展。在这样的形势下，1922年1月爆发了震惊全国和海外的香港海员大罢工。香港被英国侵占以后，英国在港设有航行东南亚和太平洋沿岸各国的轮船航运公司，在这些香港轮船公司工作的中国海员，不仅受到资本家和监工、包工头的重重压迫和剥削，工资待遇极低，劳动条件恶劣，而且还要遭受帝国主义者的种族歧视和凌辱。

1921年9月和11月，中华海员工业联合总会代表香港全体中国海员，连续两次向轮船公司提出增加工资、承认工会有代表工人参加签订雇工合同的权利等要求条件，轮船公司都采取不予理睬的态度。1922年1月12日在第三次要求遭到拒绝后，海员工会举行了罢工。罢工开始后，受殖民统治的香港当局宣布戒严，出动军警封闭海员工会，逮捕罢工领导人，抢走工会招牌，威逼海员复工，更加激起了罢工海员和香港工人的愤慨，罢工工人数量持续增加，到3月初，迅速增加到了10万人，罢工浪潮席卷了整个香港。

香港海员大罢工在国内和国际上引起了广泛的同情和援助，上海工界团体组织香港海员后援会，积极开展了募捐援助和致电慰问、声援罢工海员等活动，中国劳动组合书记部负责人李启汉赴香港慰问罢工海员并和工人一起同香港当局进行斗争。除上海外，广州、武汉、开封、长辛店等许多地方和京奉、京汉、陇海、正太等铁路的工人，也在中国共产党和劳动组合书记部各分部的号召推动下，建立了香港海员罢工后援会，开展了各种援助活动。在国际上，许多国家的工会发来慰问电报。俄华通讯社每天都将海员罢工消息向各国工人报道，在巴黎出版的法共机关报也经常报道香港海员罢工消息，并表示同情。

香港当局和资本家对香港海员罢工采取高压、恐吓、欺骗等手段进行破坏，罢工工人不为所动。1922 年 3 月 4 日，数千名罢工工人步行回广州途中，在九龙附近的沙田，被香港当局的武装军警开枪拦截，当场打死工人 4 人，数百人受伤，造成沙田惨案。帝国主义者的屠杀，激起了全市工人全部加入罢工活动，罢工造成的经济损失日益严重，各方面对香港当局的舆论谴责日益强烈，统治香港的英国政府才决定向罢工海员屈服，香港当局接受了罢工工人提出的恢复海员工会、增加工资等要求，罢工取得了胜利。

这次香港海员大罢工是中国历史上一次规模空前巨大、组织领导坚强有力、在国内和国际上都引起了强烈反响的大罢工。它表现了中国工人阶级的空前觉悟和团结战斗精神，是中国工人阶级第一次直接与帝国主义势力进行有组织的较量，罢工的胜利增强了工人阶级斗争的勇气，成为了 1922 年至 1923 年初全国罢工浪潮的起点。

继香港海员大罢工之后，上海连续发生了浦东日华纱厂的两次大罢工、全市丝厂的两次大罢工、长江海员大罢工和上海邮政工人、水厂工人等罢工，直至中国劳动组合书记部上海总部被封闭后，上海的罢工浪潮才开始低落。

1922 年 5 月，广东、香港、澳门等地曾连续发生多次大规模罢工，其中包括广州 1000 余名盐业工人的大罢工、香港电车工人同盟罢工和 3000 多名过海小轮工人的大罢工等，特别是 5 月底，为抵制葡萄牙当局的暴行，澳门全部华人罢工罢市。

1922 年 8 月 24 日爆发的长辛店铁路工人大罢工，是北方地区罢工高潮的起点。这次罢工是在劳动组合书记部邓中夏的领导下进行的，参加罢工的共 3000 余人。罢工坚持两天，断绝南北交通，迫使铁路当局承认工人俱乐部有推荐工人之权，同意全路工人每日增加工资一角等条件。长辛店工人罢工的胜利，鼓舞了北方各大铁路的工人斗争。此后，京奉铁路山海关机器制造厂工人、京奉铁路唐山制造厂工人、陇海路车务工人和正太铁路石家庄机器厂工人，都相继举行了大罢工，并取得了胜利。

这个时期北方地区最大的罢工是 1922 年 10 月 23 日爆发的唐山开滦煤矿五矿同盟大罢工。开滦五矿包括唐山、赵各庄、林西、马家沟和唐家庄五个矿区。1922 年 9 月，开滦五矿先后成立工会；10 月 16 日，在工人联合会的组织下，开滦五矿工人代表向矿务局提出了增加工资、改善待遇等要求；10 月 19 日，在中共唐山地委和中国劳动组合书记部的领导下，成立了罢工领导机构——开滦五矿同盟罢工委员会。开滦矿务局对工人提出的要求采取拒绝态度，并无理扣留了 6 名工人代表。代表们对此十分气愤，决定从 10 月 23 日起举行五矿同盟大罢工。10 月 23 日凌晨，唐山矿、唐家庄矿、赵各庄矿等工人同时宣布罢工，参加罢工的工人近 5 万人。

开滦矿务局和军阀政府对此十分惶恐，急忙调集军警 3000 多人实行武力镇压。英国也派出武装直接参与镇压。10 月 26 日，军警向罢工工人开枪，造成了重伤 7 人、轻伤 57 人的流血惨案，开滦工人进行了英勇反抗，坚持罢工 25 天，于 11 月 16 日被迫复工，罢工失败。开滦五矿罢工虽然没有达到预期的目的，但再次显示了工人阶级的力量，在国内外产生了重大影响。

湖北、湖南和江西萍乡，是这次全国罢工高潮的另一个中心地区。1921 年冬，粤汉铁路武昌株洲段机车处和汉口人力车夫的两次罢工胜利后，中国劳动组合书记部武汉分部在 1922 年上半年积极领导发展了武汉地区的工会组织。1922 年 7 月 16 日，汉阳钢铁厂工人为抗议厂方和军警阻止工人俱乐部的成立，在中国劳动组合书记部分部领导下进行了大罢工。在武汉各行业工人的支持和全国各地工会的声援下，罢工坚持了 10 天，取得了完全胜利。这次罢工的胜利鼓舞并推动了湖北各地工人斗争的发展，成为了湖北地区工会运动进一步高涨的起点。这次罢工之后，武汉发生了许多罢工斗争，其中规模和影响较大的是 8 月 13 日汉阳兵工厂工人罢工，9 月 9 日至 25 日，粤汉铁路武昌长沙路段工人罢工，9 月 23 日至 10 月 7 日扬子机器厂工人罢工，10 月 19 日至 11 月 1 日和 1923 年 1 月 3 日至 21 日汉口英美烟厂工人的两次罢工等。特别是由劳动组合书记部武汉分部和湖南分部联合领导的粤汉铁路武昌长沙段工人大罢工，经过十分激烈的斗争取得了胜利，对工人斗争起到了很大的鼓舞推动作用。

湖南地区的罢工高潮，是从毛泽东、郭亮等领导长沙、岳州铁路工人参加粤汉铁路大罢工开始的。继此之后，安源路矿工人、水口山铅锌矿工人和长沙各手工业与苦力运输工人，都纷纷举行了罢工斗争，并在毛泽东等共产党人的领导下取得了胜利。其中，规模和影响最大的是1922年9月14日爆发的安源路矿工人大罢工。安源路矿工人深受路矿当局和封建包工头的压迫，迫切要求工人俱乐部领导他们斗争。经过充分的酝酿准备，工人俱乐部于9月11日向路矿当局提出保护俱乐部、限期发清工人欠饷和增加工资等要求，限两日内答复。到期未见答复，工人俱乐部于9月13日深夜断然宣布罢工。路矿两局工人1.3万余人进行了团结一致、义无反顾的斗争，同时广泛争取了社会各界的同情，迫使路矿当局于9月18日与工人俱乐部签订了协议，几乎全部满足了工人的要求，罢工取得了胜利。

在上述一系列罢工运动中，有一些罢工遭到了镇压，也有不少罢工取得了胜利，这些胜利鼓舞了包括京汉铁路工人在内的中国工人的斗志，为二七大罢工的到来提供了政治、组织、精神和物质上的准备，使二七大罢工成为中国共产党领导的第一次工人运动高潮中的顶点。

四、京汉铁路的重大影响和军阀的争夺

二七大罢工之所以成为第一次工人运动高潮中的顶点不是偶然的，而是国内外一系列重大事件连续发生的结果，是帝国主义侵略、封建反动压迫、俄国十月革命成功、马克思主义传播、苏维埃政权日趋稳固、中国共产党建立及中国工人运动向高潮发展的必然结果。其中，京汉铁路的特殊重要地理、经济、政治、军事作用和铁路工人特有的工作特点塑造和凸显了京汉铁路工人的先进性、团结性、组织性、战斗性。

19世纪末至20世纪初，世界各帝国主义列强纷纷扑向中国，对中国进行了疯狂的掠夺，其中一个重要方式就是在中国抢夺修建铁路或以各种方式控制铁路的权利。在严重的民族危机面前，清政府却通过出卖国家权利以换取帝国主义对其统治的支持。在这样的情况下，中国人民将反抗帝国主义侵略的斗争同反对封建统治的斗争紧密联系在一起，推翻清政府的腐朽统治成为中国人救国的主旋律。

（一）京汉铁路的建设与重要影响

了解二七大罢工，首先有必要了解京汉铁路的由来、历史、作用，以及帝国主义等多种势力为争夺京汉铁路的重大利益而引发的争斗。

1. 京汉铁路的修建与赎路

京汉铁路，原称卢汉铁路，是从北京卢沟桥到湖北汉口的一条铁路，卢汉铁路的起点在1901年由卢沟桥延修至北京正阳门，于是改称为京汉铁路。1888年冬，李鸿章奏请修建天津至通州的铁路。1889年，两广总督张之洞向清政府提出先修干线的建议，从国际国内全局出发，强调要修铁路就要修对国家最有利的铁路，筑铁路应避沿海，内陆筑路，远离海岸，没有"引敌""资敌"的顾虑，"宜从京城之卢沟桥，经行河南，达于湖北之汉口镇，此则铁路之枢纽，干路之始基，而中国大利之所萃也"。无"引敌"之顾虑击中了清政府的要害，于是便采纳了张之洞的意见。张之洞奏请每年拨款200万两银子用来修路，得到了应允，随后，为生产铁路所需要的铁轨，张之洞开始筹办汉阳铁厂等一系列工厂。对于修筑铁路巨大的花费，清政府的拨款只是杯水车薪，当时国库空虚，巨额的战争赔款使清政府无力修筑卢汉铁路，铁路被迫停工。

1895年，修筑铁路又被提上日程，但国人对国防安全极为敏感，不愿使用洋人包办工程的办法，所以最后决定采取官督商办的方式。最终清政府确定了铁路商办的原则，以各省富商集股的方式筹集资金，重新启动铁路建设。1896年10月，直隶总督王文韶、湖广总督张之洞奏请设立铁路总公司，以大官僚买办、天津关道盛宣怀为督办铁路大臣，统筹铁路的修建。盛宣怀提出筑路资金使用官办、商办、洋股及洋债等办法，但因官股和商股难筹，铁路总公司遂成为借洋款筑路的运转中心。

清政府要借钱修筑卢汉铁路的消息传出后，美、英、德、俄等国资本巨头纷至沓来，展开了对中国铁路借款的激烈争夺。因中日甲午战争后清政府财力虚弱，所以盛宣怀选择了所提条件较为适中的比利时，以铁路修筑权、管理权为担保向比利时借款，修筑铁路。1898年6月，清政府与比利时相关公司正式签订了《卢汉铁路比国借款续订详细合同》和《卢汉铁路行车合同》。合同中规定：筑路工程由比利时公司派人监造；所需材料除汉阳铁厂可以供应外，其余归比利时公司承办，并享受免税待遇；在借款期限内，一切行车管理权均归比利时公司掌握。

在卢汉铁路借款条约中，不仅使中国完全丧失了铁路主权，还蒙受了巨大的经济损失，为以后帝国主义利用债权关系掠夺中国铁路权开创了一个极为恶劣的先例。但在当时内外交困的情况下，中国只能忍痛签订卢汉铁路借款合约。

京汉铁路全长 1214.5 千米，1906 年 4 月 1 日从北京至汉口全线通车。京汉铁路通车后，铁路的客货运输收益非常丰厚，清政府也认识到"凡百利生，莫如铁路之速"的道理，这就引起了当时朝廷要员和全国百姓的一致呼吁，提出"偿债赎路，收回自办"的号召，要求收回京汉铁路主权。1907 年，邮传部尚书陈璧认为，京汉铁路由比利时操持，清政府受到的限制太多，清政府的损失巨大，因此提出收回铁路自办，"还清洋款，以保利权"。此建议受到社会大众的支持，同时清政府也考虑到京汉铁路的利润丰厚，此建议最终得到重视。为筹集经费，邮传部奏准发行赎回京汉铁路公债，交通银行先后将此项公债票售予两家外国银行。"邮传部奏请由汇丰、汇理两银行借款赎回京汉铁路一节已纪本报。兹悉此次借款共计五百万镑，以十分之八为赎路正款，十分之二为养路余款。决定每年归还由直苏浙鄂四省烟酒当契、砂糖及杂项等税提拨动用矣。"① 通过这样的方式最终还清了修建京汉铁路时向比利时公司的借款，把铁路赎回，收回了京汉铁路的管理权。

2. 京汉铁路沿线地理环境复杂多变

京汉铁路位于我国中心腹地，是沟通河北、河南和湖北三省的大干线，北连政治中心北京，南接商业巨埠汉口，融通武昌、汉阳。同时，京汉铁路与其他铁路也有联运关系，与当时的陇海铁路（后建成）形成了连接中国南北要地的"十字形"结构。京汉铁路经由的地区，人口稠密、物产丰富，南粮北调、北煤南运都要依靠京汉铁路。京汉铁路的政治、军事及经济价值非同一般。

京汉铁路经过河北、河南和湖北三省，沿途河流、山岭甚多，地形地貌复杂多样、四季分明，沿途地带物产丰富。另外，铁路跨越的地区广阔，容易遇到突发问题，如自然灾害的多发。这种地理环境给京汉铁路带来了很大的影响，不仅直接关系到京汉铁路的运营，而且还间接影

---

① 陈素秀. 京汉铁路工人大罢工史料汇编［M］. 郑州：河南人民出版社，1999.

响到沿途铁路工人的生活水平和生活方式。重要的地理位置和沿途富饶的物产既给京汉铁路的运营带来了丰厚的收入，也容易使京汉铁路沦为各势力必争之地；沿途自然灾害频发、人口稠密的生态环境容易造成严重的灾荒从而引发大规模的集体行动。

3. 京汉铁路带动沿线城市发展

长辛店是京汉铁路的北端中心地。随着铁路的开通，这里设立了铁路工厂，到20世纪20年代初，这里是中国北方较大的工厂所在地之一。工厂规模宏大、设备齐全、业务密集，担负着京汉铁路的重要机车装修任务。长辛店距离北京只有10千米，当时坐火车约1小时就能到达政治中心北京，因此长辛店在北方地区极为重要。

郑州是京汉铁路的中心地。郑州地处中国中部，承东启西，通南达北，地理位置极其重要。但在铁路出现之前，以水运为主要运输方式的时代，郑州的交通条件并不发达，长期发展缓慢。京汉铁路的开通拉动了郑州迅速发展。1904年3月，京汉铁路郑州站建成；随后，在郑州车站附近建立了京汉铁路机务修理厂和电务修理厂。1909年，陇海铁路与京汉铁路交会于郑州，郑州车站就坐落在全国铁路"十字形"中心的位置上，其地理位置的重要性就凸显出来了。以郑州车站为中心，其周边工商业逐渐繁荣起来，郑州成为中国南北与东西两大主要铁路干线的枢纽，成为中原地区农产品及工商品的集散转运中心。当地工商业日益繁荣，外国人也纷纷到郑州投资办厂，以铁路为中心的商业圈逐渐开始形成。

位于湖北汉口的江岸是京汉铁路南段最大的铁路中心段。建立于1901年，京汉铁路通车后，机厂规模不断扩大，工人人数也初具规模。京汉铁路的开通及铁路工厂的建立，江岸一带成为武昌、汉阳、汉口地区的交通枢纽，与东西走向的长江水运联合起来，成为华中地区物资集散地和外贸转运中心之一。

三大中心地带的形成，一方面繁荣了当地的经济发展，促进了近代城市的形成；另一方面大量人口的涌入，带来了各种各样的思想，为后期铁路工人组织的形成和罢工运动的爆发奠定了基础。

4. 京汉铁路的军事政治、文化、经济价值重大

京汉铁路收回时，正逢当时中国国内局势剧变之际，连续多年动荡

不安，对铁路的运营产生了诸多影响。由于枪炮等重型武器在现代战争中的广泛应用及军队人数的增多，铁路不仅能大大缩短运输军队及装备的时间，而且能迅速补充军需，同时铁路沿线的附近地带也常常成为驻军及战场的位置。京汉铁路贯通南北的优势使其具有十分重要的军事价值和政治经济价值。清政府被推翻后，中国陷入了军阀混战的局面，各路军阀均热衷于对京汉铁路的争夺，以达到掌握中原、遥制南北进占东西的作用。各路军阀背后都有帝国主义势力的身影，帝国主义可以通过军阀和对铁路的掌控达到掠夺中国利益、影响中国走势的目的。

北京是明清以来的政治中心，从北京出发，可通过京汉铁路运兵南下，先占中原重镇郑州，继而一路南下到长江北岸的军事要地汉口。打通了京汉铁路，下一步横贯东西才有可能。占有郑州，也就占有了中国另一条重要铁路——陇海铁路——的中心，通过陇海铁路，向东可争徐州，向西可进兵洛阳、关中。占领汉口，可渡江、越水据有武昌、汉阳，将武汉三镇纳为一体，卡住长江中下游命门，向东可顺流而下，进占南京，向西可溯江而上，威胁重庆。仅从上述军事价值分析，京汉铁路就已具极其重要的意义。从政治上看，北京在京汉铁路的北端，是明清以来的政治中心。从文化上看，河南是中华文化的主要发源地，有深厚的历史文化积淀，影响中国几千年的发展；汉口、汉阳、武昌构成的武汉三镇历史上名人辈出，曾演绎过许多精彩的历史事件，诞生过无数风流才子，留下如云般的千古名句。从经济上看，长江是我国最重要的水道和经济命脉，东西万里，物产丰富，有了京汉铁路，长江物产可在汉口上岸，由铁路北运至北方各地，北方物产同样可通过京汉铁路南运至汉口，转运上船，销往长江沿岸，下可直达上海，出口海外，上可至四川腹地。因此，形成了以京汉铁路为中心，联通各条交通大动脉的网络布局。京汉铁路无论对当时还是现在都具有极其重要的军事、政治、文化、经济价值。在当时就更成为军阀们争夺的主要目标。

（二）军阀混战和反动势力的残酷压榨是二七大罢工爆发的直接原因

辛亥革命虽然推翻了清朝封建腐朽的统治，但中国人民的命运并没有发生根本性改变，革命的胜利果实也被袁世凯窃取。袁世凯成为中华民国临时大总统后，一步步撕下伪装，逆历史潮流，于1916年初称帝。

袁世凯称帝的行径不但遭到全国人民的反对，也遭到各军阀的反对。1916 年 6 月，袁世凯在全国上下一片声讨中病亡。袁世凯死后，北洋军阀分裂为三大派系：以段祺瑞为首，控制着山东、安徽、浙江、福建等地的皖系军阀；以冯国璋和曹锟为首，控制着江苏、江西、湖北等地的直系军阀；以张作霖为首，控制着黑龙江、吉林、辽宁，后来还控制了京津地区的奉系军阀。各方都把对京汉铁路的控制当作自己的一个重要目标；各方背后都涌动着帝国主义国家的身影。

对各帝国主义国家来说，统一且强大的中国对它们最为不利；一个分裂且衰弱的中国最符合各帝国主义国家的利益。因而，它们一方面为了攫取自己在华的最大利益，各自支持自己中意的在华代理人；另一方面又心照不宣地共同蓄意让中国维持军阀混战的纷争局面，从而达到在中国长期得益的目的。

1916~1923 年，各路军阀在各自国外势力的支持下，互相排挤、明争暗斗，经常兵戎相见。直系军阀首领冯国璋担任大总统后，排挤皖系势力；皖系军阀段祺瑞大肆收买政客，以各种手段逼迫冯国璋下台；冯国璋下台后，吴佩孚成了直系军阀的新首领。正是在吴佩孚掌控直系军阀期间，制造了二七惨案。在 1919 年五四运动期间，吴佩孚还曾多次通电反对在巴黎和约上签字，支持学生运动，高谈劳工神圣，颇得舆论好评。苏俄也曾被吴佩孚的所谓进步假象迷惑，一度对吴佩孚支持工人争取权利抱有希望。

当吴佩孚认为直系军阀的"统治"地位稳固之后，就撕掉了伪装的假面具，开始对外妥协，对内残酷镇压。在京汉铁路总工会成立之际，吴佩孚突然命令驻郑州的军警阻止工人开会，工人派代表前往洛阳向吴佩孚交涉无效，反而受到了威胁。会议召开当日，受吴佩孚指挥的郑州反动当局在从铁路代表住处到会场周围布置了大量军警，阻止工人前往会场。工人代表与军警交涉多时不见效果，便冲破军警阻拦，强行进入会场，宣布大会开始。但军警也随之冲入会场，扰乱会议，此种情况下代表们在宣布了京汉铁路总工会正式成立后，便不得不暂时中断会议，工人代表们愤怒退出会场。

当天下午，反动军警又占领总工会会所，捣毁各地工会和来宾送来的匾额和办公用具，同时包围代表和来宾住宿的旅馆，不准供给食宿。

在这种侮辱和压迫下，总工会于当晚召开秘密会议，毅然决定实行全路总罢工。

京汉铁路大罢工开始后的局势发展，威胁到北洋军阀政府的统治和国际帝国主义在华的利益，引起了他们的极大恐慌。吴佩孚调集大批军队，在京汉铁路沿线各站布防，准备镇压罢工工人。眼见阻挡罢工不成，在帝国主义的怂恿、支持下，吴佩孚立即下令在长辛店、汉口江岸和郑州等地下毒手屠杀京汉铁路工人，胁迫工人复工，并在深夜逮捕罢工领袖。在工人群众的反抗过程中，军警向群众开枪，并以马队践踏，当场造成多名工人死亡。

二七惨案让中国工人运动暂时转入低潮，也让初生的中国共产党和工人阶级看清了封建军阀的真正面目。革命的经验教训往往从牺牲流血中得来。中华人民共和国成立后，毛泽东在谈到《毛泽东选集》时曾深刻指出，"《毛选》，什么是我的？这是血的著作。《毛选》里的这些东西，是群众教给我们的，是付出了流血牺牲的代价的。"①

1923 年 2 月发生的二七大罢工是具有里程碑意义的一次工人运动，充分体现了这一时期中国工人运动的特点，成为中国第一次工人运动高潮中的顶点。在二七大罢工的过程中，中国共产党带领着中国工人阶级团结一致、英勇顽强，与军阀势力、封建势力、帝国主义势力进行了殊死搏斗。中国共产党和中国工人阶级在二七大罢工中展现出的团结精神、牺牲精神、斗争精神、创新精神彰显了党和工人阶级的崇高品质。罢工虽然失败了，但是二七精神传承了下来，成为推动中国工人和革命运动继续发展的强大精神力量。

---

① 逄先知，冯蕙. 毛泽东年谱（1949—1976）［M］. 北京：中央文献出版社，2013.

第四章

二七精神对中国革命的推动作用

　　五四运动之后，中国的革命运动开启了新的阶段和方向，中国社会中最具有革命精神和力量的无产阶级开始走上了历史的舞台。1922 年 7 月，中国共产党在第二次全国代表大会中研究并总结了一年来中国工人运动的情况，通过了《关于"工会运动与共产党"的决议案》，强调党在下一个阶段要集中力量组织产业工人工会，领导工人开展政治斗争。在中国共产党的领导下，全国范围内的工会运动和罢工活动更如雨后春笋，直到 1923 年 2 月，二七大罢工失败之后，中国第一次工人运动的高潮才落下帷幕。

　　总体来说，中共二大之后持续高涨的工人运动主要表现出两种特点：一是中国的工人阶级已经从自在阶级开始转变为自为阶级，这一时期的工人运动从要求增加工资、改善待遇的经济斗争，发展到争民主、争自由的政治斗争。工人阶级在运动中展现出来的组织精神、团结精神、牺牲精神也更加先进。二是工人阶级的组织程度明显提高，工会运动不断发展，中国共产党领导工人运动的经验和能力也显著增强。一些初具规模的工会组织开始出现，如京汉铁路总工会和安源路矿工人俱乐部等。中国工人阶级日益成为具有强大影响力的重要政治力量。

一、二七精神的建构识别作用

　　中国共产党和中国工人阶级在二七大罢工中的英勇表现和伟大牺牲震惊了中外，孕育出内涵丰富、影响深远的二七精神。二七大罢工结束之后，中国共产党及社会各界人士发表许多著作纪念二七大罢工，总结二七大罢工的深刻内涵，讴歌党和工人阶级展现出的高尚品格，这标志着二七大罢工的精神在当时就已经对中国革命事业和工人阶级及广大劳动人民起到了鼓舞激励作用。从内容表现方面来说，二七精神的形成鲜明有效地建构出中国共产党和中国工人阶级的先进形象，增强了国内外各界人士对中国共产党和中国工人阶级的认同，进一步凝聚了中国共产党与中国工人阶级的力量，增强了中国工人和革命运动的力量。

（一）二七精神生动塑造了中国共产党的先进形象

20 世纪初期，受辛亥革命的影响，中国社会中各种政党团体不断涌现，大大小小的政党多达 300 多个，各种政治思潮的影响不断扩大。在这种背景下，刚刚成立的中国共产党显得势单力薄，在人民群众中的影响力还有待提高。习近平总书记曾经指出：“党的形象和威望、党的创造力凝聚力战斗力不仅直接关系党的命运，而且直接关系国家的命运、人民的命运、民族的命运。”① 中国共产党在二七大罢工及当时一系列罢工中的英勇表现生动地塑造了中国共产党先进的政治形象，使中国共产党在众多政党团体中脱颖而出，得到了广大人民群众的拥护与认同。

1. 生动塑造了中国共产党勇于斗争的革命形象

中国共产党成立之后，党中央就将领导工人运动确定为党的重要工作，成功领导了许多工人罢工运动，并且多数工人罢工运动都取得了胜利，在全国范围内产生了重要的影响，但是这些罢工大都局限于经济斗争，罢工的主要诉求也主要在争取加薪、改善劳动待遇等方面。在工人运动已经取得一些成绩的情况下，党中央开始思考转变工人运动的方向，尝试使中国工人阶级及工人运动发展到新的阶段。1923 年 1 月，中共北方区委召开重要会议。这次会议总结了北方铁路、矿山罢工的经验和教训，并决定了几年后的斗争方向。该会议认为过去罢工多偏重于经济斗争，以后要求各条铁路多组织政治斗争，在斗争中要反对帝国主义、反对军阀，争取组织工会的自由权利等，把政治斗争的口号放在首位。② 1923 年 2 月在京汉铁路沿线爆发的二七大罢工是中国共产党领导

---

① 中央党史和文献研究院. 十八大以来重要文献选编（中）［M］. 北京：中央文献出版社，2016.

② 罗章龙. 罗章龙回忆录［M］. 美国：溪流出版社，2005.

的第一次以政治斗争为口号的工人运动，成为中国第一次工人运动高潮的顶点。1923 年 2 月 4 日，京汉铁路总工会临时总办公处正式发表《京汉铁路总工会全体工人罢工宣言》，该宣言中明确指出："我们为力争自由起见，决于本月四日午刻宣布京汉铁路全体工人总同盟大罢工。""我们是为争自由而战，为争人权而战，绝无后退的。"中国著名革命家、教育家华岗先生曾指出："这个决议案，便是中国工人运动史上最有价值的决议案之一。"

可以说，反对军阀的压迫与剥削是二七大罢工的直接表现，其更为深刻的内涵是反对军阀势力所代表的封建观念，反对军阀背后的帝国主义势力。北洋军阀不仅是剥削和压迫工人阶级的武器，他们更代表着"荒谬的北洋正统观念：反对约法、反对民主主义、反对新文化运动、反对社会主义，反对一切民众进步的思想"。① 同时，这一时期中国各派系的军阀势力均受到外国帝国主义的扶植，代表帝国主义的利益。因此，二七精神深刻揭示了中国共产党所具备的先进革命性的政治形象，这种先进的革命性源自马克思主义科学理论的内在规定性，源自中国共产党所代表的阶级动力，源自中国共产党所肩负的历史使命。

2. 生动塑造了中国共产党人民至上、甘于奉献的先进政治形象

为中国人民谋幸福、为中华民族谋复兴是中国共产党百年奋斗的初心和使命。中国共产党自 1921 年成立之初，就始终坚定不移地站在人民的立场上，始终践行全心全意为人民服务的根本宗旨，矢志不渝地为中国人民谋幸福。为人民而生，因人民而兴，始终同人民在一起，为人民利益而奋斗，是我们党立党兴党强党的根本出发点和落脚点。不同于军阀势力、封建主义、帝国主义等以资本利益和个人私利为价值追求，二七精神充分体现了中国共产党"以人民为中心"的先进价值追求。20 世纪初期，中国民族资本主义开始发展，中国的产业工人数量不断增加，但是这一时期中国产业工人的生活状况却无比凄惨。以当时郑州豫丰纱厂为例，该厂共有工人 3000 多名，其中童工约 200 人，每日出纱约为 27000 磅。该厂工作实行两班倒，工厂机器 24 小时从不停歇，无论男工、女工、童工所做工作都一样，没有任何区别。由于工作繁

① 罗章龙 . 京汉铁路工人流血记 [M] . 郑州：河南人民出版社，1983.

重，工资微薄，许多即将临盆的孕妇依然从事劳累的工作，一些妇女将两三个月大的婴儿带在身边工作。① 改变中国产业工人的劳动现状，为中国产业工人及各界的劳苦人士争取权利、争取福利正是中国共产党人肩上的责任，也是二七精神的首要内核。在二七大罢工之后，许多参与罢工的工人遭到迫害，流血牺牲，一些产业工人遭到报复失业下岗。面对这种情况，中国共产党迅速组织力量安排善后工作，为受到影响的工人家庭发放抚恤金，解决工人的就业问题及烈士家属善后问题，得到了广大工人阶级的坚决拥护和认同。中国共产党为人民服务、以人民为中心的政治形象深入人心。

3. 生动塑造了中国共产党强大的组织形象

中国共产党是无产阶级的政党，是中国工人阶级的先锋队。在二七精神形成的过程中，中国共产党展现出强大的组织能力和组织性。中国共产党成立伊始就把组织产业工会作为主要的工作目标，开始与工人阶级进行广泛的接触。早期的中国共产党通过宣传教育、派驻秘密联络员、利用和改造工人帮口组织等方式团结和改造了许多工人，成功组建了许多工会组织，其中铁路工人工会的组织和建立则是重中之重。在当时中国众多的铁路干线中，京汉铁路的地位尤其重要，是连接华北地区和华中地区的交通命脉，铁路沿线长，涉及省市多，产业工人群体也相对庞大。陇海铁路工人罢工之后，中国劳动组合书记部就计划在京汉建立工会组织，并决定京汉铁路的郑州以南沿线，由武汉支部负责组织；郑州以北，由北方支部负责组织。② 1922 年底，中国劳动组合书记部北方分部在京汉铁路各站共建立工会分会（分工会）16 个，有效地开展了工人工作，为京汉铁路的工人争取到许多利益，这也成为二七大罢工的强大组织基础。1923 年 2 月 4 日，在京汉铁路总工会的领导下，京汉铁路 3 万多名工人全部罢工，1200 多千米的铁路线顿时瘫痪。与此同时，中国劳动组合书记部通电全国各工会，号召支援京汉铁路工人的大罢工。5~6 日，湖北省工团联合会的 20 多个工会组织参加了声援罢工的斗争；6 日，正太、道清、津浦南段的铁路工人也宣布罢工；北京的一些进步团体，也组织了铁路工人后援会，全力支持京汉铁路工人的

①② 陈素秀. 京汉铁路工人大罢工史料汇编 [M]. 郑州：河南人民出版社，1999.

罢工斗争。这充分展示了中国共产党队伍强大的组织力，没有全国各地各组织的声援和支持，二七大罢工不会展现出震惊中外的影响力，二七精神也不能表现出如此深刻的生动内涵。在罢工的过程中，京汉铁路沿线各工会绝对听从党组织统一指挥和领导，各分工会的行动统一团结、坚强有力，给予了军阀势力以沉重的打击。二七大罢工之后的两个月，1923 年 4 月，毛泽东在安源路矿工人俱乐部与工人代表开会时就曾说二七烈士"林祥谦是个坚强的工人领袖，为了革命，牺牲了自己"。二七大罢工声势浩大，遭到了封建军阀的残酷镇压，但就是在军阀势力越是镇压，罢工运动越是艰难的时候，中国共产党的队伍没有溃散，反而更加团结有力，中国共产党员英勇顽强的高尚品质展现得越发淋漓尽致。正因如此，中国共产党的强大组织性和组织能力得到了更多的认同，在广大人民群众中深深扎根。

（二）二七精神彰显了中国工人阶级的革命能力

二七精神的深刻内涵不仅展现出中国共产党先进的政治形象，更重要的是彰显了中国工人阶级高尚的阶级品质和强大的革命能力，破除了二七大罢工之前一些中国资产阶级革命家对中国工人阶级的轻视与不信任，使工人阶级真正成为中国革命的中坚力量。

1."团结奉献、敢于斗争"是中国工人阶级永恒不变的高尚品质

自辛亥革命之后，中国的民族解放运动虽然有所发展，但既缺少先进思想的指导，更没有充分发动群众。社会上有关于中国工人阶级的革命觉悟与革命能力的怀疑与非议始终不断。当时的中国社会有轻视劳动阶级的思想，一些知识分子认为，中国工人没有知识，若要提倡劳工运动，须先提高他们的知识，甚至认为西方的工人阶级有解放自己的力量，但是中国工人阶级却没有担任或者参加任何革命运动的能力。[①] 中国工人阶级在二七大罢工中的英勇表现，打破了传统观点认为工人群体是愚昧无知、懦弱胆怯的错误印象，展现出中国工人阶级的强大能力和高尚品质。在二七惨案中，工人群体牺牲惨重。据有的资料考证，二七惨案造成的遇难人数达 100 余人，受伤人数为 300 余人，被捕人数为 300 余人，失业流亡人数有 4000 余人。除工人群体外，工人家属也遭

---

① 陈素秀. 京汉铁路工人大罢工史料汇编［M］. 郑州：河南人民出版社，1999.

遇了巨大的灾难。① 1923 年 2 月 6 日，罢工运动已经开展了三天，军阀势力已经采取多种方法破坏罢工但是收效甚微，此次罢工范围的扩大令军阀势力愈加恐惧，决定采取极端的手段对工人群体开展疯狂的镇压。2 月 6 日晚，军阀势力代表赵继贤逮捕长辛店分会史文彬等十几名工会主要人物，扒去全身衣物，严刑拷打。工人群体知道后群情激愤，没有丝毫畏惧。7 日上午，4000 多名工人将旅部大门团团围住，要求"释放被捕工人，还工人自由"。② 工人群体展现出的不怕牺牲的英勇精神，使军阀势力大为震惊，令中国社会的各阶层人士刮目相看。

2. "紧跟党走、复兴先锋"是中国工人阶级不断成熟的重要标志

在二七大罢工的过程中，从总工会到各地方的分工会都始终表现出非常严整的组织秩序和系统性，体现了工人阶级的纪律性和中国共产党的动员组织领导能力。罗章龙在《京汉铁路工人流血记》中指出，总同盟罢工开始之后，总工会要求在罢工过程中工人的一切行动要完全听从总工会的命令，不得单独接洽、妥协或调和。每个工人在罢工期间不得自由行动，凡有要事需要外出时，需要向工会领取"放行"执照。此外还有纠察团、调查队等组织专门负责维持罢工期间的治安秩序。全体会员每十人一组，每个小组推举出一个小组长，负责对这一小组负责。如此，便可在数分钟之内召集数千人的大会。③ 正是因为有着如此严密的组织，以及工人阶级万众一心的精神，才能使二七大罢工产生如此重大的影响，并且在罢工过程中尽可能利用组织的力量保护工人群众的生命和财产安全。经过这一次罢工运动的训练，也使中国工人阶级的革命觉悟和革命能力得到锻炼，开始从自在阶级转变为自为阶级。

二七精神的深刻内涵彰显了中国工人阶级高尚的道德品质和革命觉悟，这也标志着中国工人阶级的阶级特点在斗争中进一步展现。在二七大罢工之前，中国工人阶级虽然也开展了不少的斗争运动，但基本局限于经济斗争的范畴。上海工人的六三运动和香港海员罢工运动，虽然也带有政治性质，但是政治诉求还处在从属地位，其经济诉求仍占据主要

---

① 刘莉 . 京汉铁路工人大罢工的社会后果［J］. 沈阳大学学报，2016（5）：567-572.
②③ 罗章龙 . 京汉铁路工人流血记［M］. 郑州：河南人民出版社，1983.

地位。在二七大罢工过程中，中国工人阶级鲜明地提出争取结社自由的诉求，这标志着中国的工人运动已经从自发的经济罢工发展成为自觉的政治斗争，中国的工人阶级也已经参与到中国的民主革命运动和世界无产阶级斗争的队伍中。二七精神和二七大罢工是中国工人阶级不断发展过程中的重要里程碑。

（三）二七精神促进了党内政治文化的发展

"政治文化"是政治学研究中的一个重要概念，自 20 世纪 50 年代被阿尔蒙德正式提出之后，国内外许多学者对政治文化这一概念进行了深入的研究和阐释，形成了多种流派。以阿尔蒙德为主要代表的一些学者从主观心理取向的角度对政治文化的概念进行研究。阿尔蒙德认为，每一个政治体系皆镶嵌于某种对政治活动指向的特殊模式之中，政治文化是一个民族在特定时期流行的一套政治态度、信仰和感情。① 马庆钰亦认为，政治文化是在一定思想文化环境和经济社会制度中生长出来的、经过长期社会化过程而相对稳定地积淀于人民心理层面上的政治态度和政治价值取向，是政治系统及其运作层面的观念依托。② 还有一些学者认为，仅从主观态度和集体心理倾向方面研究政治文化有些片面，这些学者主张将政治行为等客观纬度也纳入政治文化的研究中。R. C. 塔克认为，仅将政治文化局限在纯粹的心理层面，便会导致其成为一个"极端主观化的概念"。赵军有类似认知，其称政治文化是由一国政治体制、政治传统决定的公民和法人在取得经济、政治合法利益方面产生的政治意识和政治行为总态势的政治学范畴，是社会意识形态和上层建筑的综合体现。除此之外，还有许多学者从政治思想、意识形态、政治价值观等多种角度对政治文化进行深入的研究。虽然学界对政治文化的研究众说纷纭、角度多样，但是总体来说，学界一般认为政治文化是某一特定群体在一定因素的影响下形成的稳定的政治心理、政治态度、政治思想、政治价值观的总体倾向，外显于这一群体的总体政治行为，并具有一定的内生性。

中国共产党内的政治文化是中国共产党在百年奋斗的过程中形成积

---

① 加布里埃尔·A. 阿尔蒙德，西德尼·维巴. 公民文化：五个国家的政治态度和民主制 [M]. 徐湘林，等译. 北京：东方出版社，2008.

② 马庆钰. 近 50 年来政治文化研究的回顾 [J]. 北京行政学院学报，2002（6）：25-30.

淀的稳定的政治观念、政治态度、政治价值观等方面的总体倾向。习近平总书记指出："中国共产党的党内政治文化，是以马克思主义为指导、以中华优秀传统文化为基础、以革命文化为源头、以社会主义先进文化为主体、充分体现中国共产党党性的文化。"① 与其他种类的政治文化相似，中国共产党的党内政治文化并不是无源之水、无基之厦，是有着其特殊的发展脉络及历史渊源的，在党百年奋斗的过程中产生和形成的各种革命精神文化是党内政治文化独有的特质，是党内政治文化的开端与灵魂。

二七精神在中国第一次工人运动高潮中形成的党的革命精神，是党在百年奋斗历程中首次产生的有关于工人阶级和工人运动的精神，不仅是中国共产党的革命精神特质，也是中国工人阶级的精神特质，具有丰富的内涵和实践意义，赋予党内政治文化更加丰富的核心内涵和更加鲜明的文化特性。首先，二七精神丰富滋养了党内政治文化的革命性特征。马克思主义是中国共产党的指导思想，秉持马克思主义的革命性特征是中国共产党在百年奋斗过程中始终坚持的，也是党能够保持先进性、科学性、引领性的不竭动力。二七精神是中国共产党在带领工人阶级开展政治斗争过程中产生的革命精神，是马克思主义革命性在中国的具体实践。其次，二七精神丰富滋养了党内政治文化的人民性特征。全心全意为人民服务是中国共产党的根本宗旨。《中国共产党章程》中明确指出："中国共产党是中国工人阶级的先锋队，同时是中国人民和中华民族的先锋队。""中国共产党党员必须全心全意为人民服务，不惜牺牲个人的一切，为实现共产主义奋斗终身。"二七大罢工是中国民主革命的一部分，是中国共产党为人民谋幸福、反抗封建势力压迫的重要实践，在罢工过程中牺牲的革命烈士是为了广大人民群众的利益抛弃了个人利益的时代楷模。同时，二七大罢工的开展及二七精神的产生，是党和工人阶级共同奋斗的革命成果，是党依靠人民、发动人民群众取得的伟大历史成就。从这一角度来看，二七精神的深刻内涵丰富了党内政治文化的人民性特征。最后，二七精神丰富滋养了党内政治文化的政治

---

① 《党的十九大报告辅导读本》编写组．党的十九大报告辅导读本［M］．北京：人民出版社，2017.

性特征。二七精神是党内文化革命精神的组成部分，是党内政治文化在工人阶级和工人运动领域的精神源头，因此二七精神必然会体现出一定的阶级属性和政治属性。从现实情况来看，在二七大罢工过程中，各分工会组织、各地区的党员同志组织有序，坚决贯彻党对罢工行动的总指挥，其中展现出的对党忠诚、听党指挥、组织有序的精神内涵是党内政治文化政治性的具体表现，丰富发展了党内的政治文化。

（四）二七精神强化了党组织的团结凝聚力

人无精神则不立，国无精神则不强。精神具有强大的动力作用，它可以推动人们积极工作、学习或完成某项任务，并进一步形成创造力和凝聚力。二七精神作为中国共产党领导下的民主革命进程中第一个有关工人阶级的革命精神，其丰富的价值内涵成为中国共产党政治实践的价值基础。二七精神的形成与传承增强了工人阶级的政治认同感，净化了党的政治生态，鼓舞了党员群体的革命精神，从而使党的团结凝聚力得到了进一步的强化。

研究表明，政党内部成员对其所在政党的认同，是政党组织凝聚力的重要表征。习近平总书记曾经指出："每个党员特别是领导干部都要强化党的意识和组织观念，自觉做到思想上认同组织、政治上依靠组织、工作上服从组织、感情上信赖组织。"从思想价值高度强化广大党员的组织认同也成为马克思主义执政党的历史性课题。在苏俄从实施战时共产主义政策向实施新经济政策转变的关键历史时期，俄共（布）党内曾出现工团主义和无政府主义的倾向，列宁强调："这个时候特别需要保持党的队伍的统一和团结，保证党员相互之间的完全信任，保证在工作中真正齐心协力，真正体现无产阶级先锋队的意志的统一。"二七精神作为中国共产党重要的革命精神之一，对其的传承与发展有利于净化党内政治生态，保证全党的团结统一、步调一致。二七大罢工之后，在二七精神的教育与感召之下，中国共产党员的组织认同感进一步加强。在党的领导下，广东、上海、山东、河南等地的工人运动逐渐恢复并稳步发展。1923 年，京汉铁路全路的共产党员不足 50 人，1923 年 6 月中国共产党第三次全国代表大会召开时，全国的共产党员大约有 420 人，而到了 1927 年 4 月中国共产党第五次全国代表大会召开时，全国的党员人数已经超过 5 万人。① 二七大罢工虽然失败了，但是二七精神却被永远地铭记和传承了下来，并深深融入中国共产党人的血脉之中，工人阶级的革命觉悟和斗争经验进一步增强。

二、二七精神促进了中国革命力量的发展和成熟

（一）扩大了马克思主义在中国的广泛传播

没有伟大的理论就没有伟大的事业。二七大罢工是马克思主义在中国的广泛传播及其与中国工人运动相结合的产物，并在罢工的过程中孕育形成了伟大的二七精神，因此二七精神从一开始就与马克思主义在中国的传播密不可分。具体来说，二七精神的产生与马克思主义在中国传播的关系，主要从两个方面来表现：一方面，马克思主义在中国的早期传播为二七精神的形成提供了坚实的理论基础和主体力量；另一方面，二七精神的形成与传承成为推动马克思主义在中国进一步广泛传播及本土化的重要组成部分，为马克思主义在中国的广泛传播提供了不竭的精神动力。

理论是实践的先导，二七大罢工是马克思主义与中国工人阶级具体实践相结合的产物。自 19 世纪末马克思主义传入中国以来，中国一些先进的知识分子，如陈独秀、李大钊、郭沫若等，将有关社会主义的著作翻译成中文，在国内引起了一阵学习马克思主义的热潮。到了五四运动前，经过近 20 年的传播与发展，中国青年对马克思主义的认识已经从量的累积，到达了质的转变；中国的先进知识分子对马克思主义的研究，已经从简单的引进著作，发展到对马克思主义中国化的研究，中国社会各阶层开始逐渐地认识马克思主义。尤其是五四运动的胜利，使马克思主义在中国的传播实现了一次伟大飞跃，产生了深远的启迪作用。在此背景下，以马克思主义为指导思想的中国共产党应运而生，中国无产阶级的觉悟被马克思主义唤醒，中国革命的力量被五四运动鼓舞，在封建主义和帝国主义的剥削与压迫之下，奋起反击，举行了二七大罢工，并在二七大罢工的过程中形成了伟大的二七精神。一种精神形态若没有科学理论的指导，必将是空洞的、泛泛的。在二七大罢工中孕育出

① 中共中央党史研究室．中国共产党历史［M］．北京：人民出版社，1991.

的二七精神之所以能够历久弥新，不仅是由于其生长于马克思主义奠定的坚实基础之上，而且其具体内容也包含着马克思主义的精神内核。因此，二七精神的形成与传承进一步扩大了马克思主义在中国的影响。

从当时的现实情况来看，虽然二七大罢工失败了，但是罢工结束之后的一段时间内工人阶级的革命热情并没有消减，二七精神的形成为推动马克思主义在中国的传播提供了强大的精神动力。二七大罢工的失败使中国社会的各个阶层认识到了封建主义、帝国主义的残忍和剥削本质，认识到中国无产阶级与封建主义、帝国主义等势力之间的矛盾是不可调和的，充分印证了马克思关于科学社会主义思想论述的科学性；二七精神的形成使中国社会各阶层认识到无产阶级的力量，充分认同了马克思主义革命理论，以及中国无产阶级可以成为中国革命的主体。据相关学者研究，1922～1927 年，马克思主义在中国的传播达到了一个新的阶段，一批早期的中国共产党人在理论界崭露头角，更有新的共产党人和志同道合者加入对马克思理论的传播活动中，相关的马克思主义译著和中国研究著作的数量不断增加。尤其是二七大罢工之后，中国的知识分子开始引入大量的列宁思想相关译著，尤其是关于工人运动、农民、土地等问题的学说著作。① 仅武汉一地，从五四运动到第一次国内革命战争爆发这一段时间，共出现 200 多种报刊，成为宣传马克思主义思想的阵地。② 这充分说明了二七精神的形成对马克思主义在中国的传播具有积极的推动作用。

（二）促进了中国工人阶级的觉醒

马克思认为，"意识在任何时候都只能是被意识到了的存在，而人们的存在就是他们的现实生活过程"，因此是生活决定了意识，而不是意识决定了生活，但是意识一旦形成也会对生活起到反作用。恩格斯在 1894 年 1 月致瓦尔特·博尔吉乌斯的信中指出，政治、法、哲学、宗教、艺术等的发展是以经济发展为基础的。但是，它们又相互作用并对经济基础发生作用。这并不是说，只有经济状况才是原因，才是积极

---

① 谈敏.20 世纪 20 年代马克思主义经济学在中国的传播启示［J］.经济思想史学刊，2021（1）：38-64.

② 田子渝.论马克思主义在中国早期传播中湖北籍革命知识分子的杰出贡献（1920—1927）［J］.决策与信息，2021（8）：12-19.

的，其余一切都不过是消极的结果，而是说，这是在归根结底不断为自己开辟道路的经济必然性的基础上的相互作用。① 因此，"意识"对于无产阶级和无产阶级运动具有重要的意义和作用。"理论一经群众掌握，也会变成物质的力量。"② 无产阶级在阶级意识、革命意识等方面能否觉醒，关系到中国社会能否意识到中国国情的复杂性，关系到中国各阶级能否认清摆脱危机的正确道路，关系到中国工人阶级能否胜任中国革命主体的历史担当，实现这一觉醒，一方面需要马克思主义理论的科学指导，另一方面需要理论与实践的紧密统一。

近代中国工人阶级的意识觉醒是一个相对漫长的过程。20 世纪初期，随着中国具有共产主义觉悟的知识分子队伍的形成与壮大，他们开始有意识地向中国工人阶级宣传马克思主义，这成为中国工人阶级的意识觉醒的思想基础。直到五四运动时期，中国工人阶级第一次以独立的姿态走上历史舞台。在五四运动的后期，全国各地数十万的工人自发举行罢工，声援学生的抗议，并逐渐接替学生成为五四运动的主力军。在这次运动中，中国无产阶级表现出本阶级特有的革命性、先进性，开始为中国的独立和解放而斗争。五四运动时期中国工人阶级的运动还是松散的、多为自发的，并且是以爱国为主要出发点的。可以说，这一时期的中国工人阶级已经开始实现了意识觉醒，成为"自在阶级"，他们虽然意识到了帝国主义、封建主义、官僚资本主义的残酷，但这种认识还处在感性阶段，没有从根本上认识到这三大势力与无产阶级之间的对立，以及无产阶级肩负的历史使命和担当。

之后，在中国共产党的带领下，中国的工人运动蓬勃发展，掀起了以香港海员大罢工、安源路矿工人运动、二七大罢工为代表的中国第一次工人运动的高潮。尤其是第一次工人运动高潮的顶点——二七大罢工促进了中国工人阶级的意识觉醒，实现了从自在阶级向自为阶级的转变。二七精神的形成表明，工人阶级不再是知识分子和学生队伍的追随者，已经成了中国革命运动的主力军和领导者。他们已经清楚地认识到无产阶级与帝国主义、封建主义和官僚资本主义不可调和的矛盾，提出

---

① 马克思，恩格斯．马克思恩格斯文集（第 10 卷）［M］．北京：人民出版社，2009.
② 马克思，恩格斯．马克思恩格斯文集（第 1 卷）［M］．北京：人民出版社，2009.

了"为自由而战、为人权而战"的政治口号，工人阶级已经学会了在实践中运用唯物主义的观点来分析社会情况和阶级问题，成为了真正觉悟的阶级。同时，二七精神中蕴含的中国工人阶级不怕牺牲、顽强斗争的内涵，也表现出工人阶级已经具有强烈的历史使命感和责任担当。1923 年 3 月，运输工人国际宣传委员会和全俄铁路工会中央委员会在《为"二七"事件给中国铁路工人的信》中指出，在罢工过程中，中国工人表现了高度的阶级觉悟、团结斗争精神和争取胜利的坚强意志。铁路工人阶级更加懂得同国外资产阶级进行斗争，必须团结一切力量，建立全国统一铁路工人组织的重要性。[①]

在罢工结束之后，由于二七精神的影响与感染，中国工人阶级的运动并没有中断。在二七大罢工结束的一年之后，1924 年 2 月 7 日，全国铁路工会第一次代表大会在北京秘密召开，正式成立了全国铁路总工会。1925 年 2 月 7 日，全国铁路工会第二次代表大会在郑州胜利召开，共有 40 多位来自全国各地的铁路工会代表参加，此次大会共举行四天，会议进行了《全国铁路总工会报告》、《各路代表报告》、《工人阶级与中国现状报告》、本会组织系统及章程问题、选举等 15 项议程，就全国铁路工人及中国工人运动等问题做出了有建设性意义的决议，标志着全国工人运动的逐渐复兴。[②]

（三）增强了中国共产党的影响力

中国共产党的诞生并不是偶然，是有着一定的社会基础和历史根源的。鸦片战争之后，中国深受帝国主义国家的侵略与欺压，生产方式严重落后，制约着中国综合实力的发展。因此，许多有识之士开始寻求能够实现民族独立的道路。例如，太平天国运动、义和团运动、戊戌变法、辛亥革命等，但均以失败告终。可以说，鸦片战争之后开展的这些民族解放运动实际上是农民运动、资产阶级民主革命运动，带有一定的保守性，没有从根本上解决中国广大农民和工人阶级的利益诉求。孙中山先生的革命思想虽然包含有关土地革命的部分，要求改革土地制度，征收土地税，在一定程度上表现出对中国农民利益的关怀。"但是他的活动始终未深入农村去了解和组织农民，革命运动并未与农民结合起

---

①② 陈素秀．京汉铁路工人大罢工史料汇编［M］．郑州：河南人民出版社，1999．

来，在城市中也未与小市民结合，奔走数十年，都是在狭小的圈子里。因此，在大革命之前，觉悟的知识分子和工人对孙中山没有深刻印象。"① 中国共产党自诞生之日起就与无产阶级紧密地联系在一起，将开展工人运动作为党在这一时期的主要任务，广泛发动群众，不断扩大自身的实力与影响力。二七精神作为中国共产党领导的一次具有里程碑意义的工人运动的产物，对早期中国共产党影响力的扩大起到了重要的推动作用。

首先，二七精神的内涵彰显了中国共产党的品格和理想信念。与资产阶级、封建地主阶级等群体不同，中国共产党是以马克思主义为指导的政党，其目的就是实现中华民族的独立富强，为中国人民谋取真正的福祉。在二七精神形成的过程中，中国共产党人充分表现出了这种坚定的理想信念，以及高尚的品格，不怕牺牲、勇于斗争。在罢工结束之后，党组织还组织专门的善后工作，组织多方筹款和救济，帮助因罢工而受到损失和伤害的工人家庭渡过难关。正是中国共产党的这些高尚行动才形成了伟大的二七精神；同时，这样的二七精神在工人阶级中不断传播扩大，使广大的工人阶级真正了解到中国共产党的本质，树立了党在全社会中的光辉形象。

其次，实践性是二七精神的本质属性之一。二七精神的实践性使中国共产党与中国无产阶级紧密地联系在一起。二七精神是马克思主义与中国工人运动相结合的产物，是中国共产党领导京汉铁路工人开展二七大罢工的实践成果，具有重要的实践意义和现实指导意义。孙中山的三民主义思想，虽然也体现出了平均地权的内容，但是由于其并没有真正付诸行动，革命活动也仅局限于城市民族资产阶级狭小的范围内，并没有深入中国农村，所以才使得当时的三民主义仅是简单的口号，没有形成完备的政治纲领和理论。中国共产党从一开始就吸取了辛亥革命失败的教训，利用多种方式发动广大人民群众，尤其是中国的工人阶级。早期的共产党人通过在工厂开办夜校、学习班、演讲等方式向工人宣传马克思主义思想。中国共产党成立之后，党对中国经济政治状况进行了详

---

① 中共中央党史研究室编. 中共党史材料（第一辑）［M］. 北京：中共党史出版社，1987.

细的分析，揭示出中国社会的半殖民地半封建性质，并在党的二大上明确提出反帝反封建的民主革命纲领；一时间"打倒列强，除军阀"成为广大群众的共同呼声，组织和领导工人运动也就成为党早期的主要任务。① 二七精神正是这一时期中国共产党领导工人运动的产物，经过这一次工人运动，中国的工人阶级对中国共产党、中国共产党的革命主张有了更加深入、更加直观的感受和理解。二七大罢工结束之后，二七精神中的实践内涵依旧指导着中国工人运动的发展和实践，促进中国共产党在社会中的影响进一步扩大。

中国共产党影响力的扩大，不仅体现在工人阶级和广大劳动人民中，也体现在对孙中山先生和国民党革命派上。曾屡遭挫折、陷于苦闷的孙中山先生看到中国共产党领导工人运动所产生的影响，认识到中国共产党是一支新兴的、生机勃勃的革命力量，决定与中国共产党合作。在中国共产党的影响和帮助下，国民党成功实现了改组，接受了反帝国主义的要求，制定了新三民主义，可以说这次改组之后的国民党的确表现出了它的革命作用，成为反帝国主义联合战线的政治组织。中国共产党影响力的扩大使各种反动势力大为恐惧。

从以上历史事实能够看出，在二七精神的激励作用下，中国各方面的革命力量不断汇聚，党的队伍不断扩大，马克思主义在中国的影响更加广泛，对中国社会发展的影响不断显现，推动着中国共产党带领无产阶级开创了中国革命的新局面，中国革命进程进入第一次国内革命战争时期。

（四）二七精神推动中国革命进程进入新阶段

从历史发展进程的角度来看，二七大罢工是中国第一次工人运动高潮的顶点，是中国革命运动史上一次重要的转折点。在罢工过程中形成的二七精神在罢工失败之后始终为工人运动提供强大的精神动力，二七精神的实践性为工人阶级运动提供了具体的现实指导，促进工人运动的组织和策略更加完善，为第一次国内革命战争时期的工人运动奠定了坚实的基础。1927 年 1 月 29 日，《中国青年》发表的"'二七'在中国革命运动史上的位置"一文中指出："二七大罢工是中国无产阶级从自在的

---

① 《中国共产党简史》编写组. 中国共产党简史 [M]. 北京：人民出版社，2021.

状态转变为自为的状态，从自发的经济罢工转变为自觉的政治运动的最大的关键点。中国无产阶级自从'二七'以后，立即参加中国革命运动，中国共产党迅速的发展，各业工人迅速的组织，至五卅运动遂一跃而成为领导总的中国革命的阶级，于中国革命运动史上开一新纪元。""所以'二七'是中国革命运动的转机，是中国革命运动的复活。"①

1. 二七大罢工之后中国工人运动的发展

中国共产党从二七大罢工失败的事实中看到，中国这时的革命力量远不如帝国主义和封建主义的强大。党认识到结成最广泛的统一战线的重要性，决定采取积极步骤，联合孙中山领导的国民党。国共合作的实现，促进了工人运动的恢复和发展。

中国工人组织不断发展和完善。二七大罢工之前，中国铁路工人的全国组织虽有计划但无成就。1924 年 2 月 7 日，铁路工人领袖在北京集合召开秘密集会，全国铁路总工会正式成立。虽然与会期间，工人代表们依旧遭到了吴佩孚、曹锟军阀的残酷镇压，逮捕工人领袖数十人之多，但是经过一年的艰苦工作，铁路工人的全国性组织的雏形已经形成。到了 1925 年 2 月 7 日，全国铁路总工会第二次代表大会在郑州召开。这次会议通过了十多项决策，表现出中国工人阶级的进步，增长了阶级团结的力量，表现出二七精神的风貌。这次大会指出了中国工人阶级目前的责任及未来的责任，并对未来铁路总工会的发展做出了详细的规划。有学者指出，这次全国铁路总工会代表大会在中国革命运动史上具有重大意义，两年前的 2 月 7 日是工人斗争失败而退守的纪念日，两年后的 2 月 7 日便是中国工人斗争复兴且再进攻的纪念日了。② 就在全国铁路总工会第二次代表大会胜利召开不久，第二次全国劳动大会在广州举行，中华全国总工会正式成立。此次大会共通过 30 多个决议案，包括加入赤色职工国际、工会联合、工人阶级与政治斗争、工人阶级与经济斗争等决议案，中国工人阶级实现了空前的团结，大大提升了革命觉悟。

以五卅运动为代表的大革命浪潮汹涌而至。中华全国总工会成立之

① 陈素秀. 京汉铁路工人大罢工史料汇编［M］. 郑州：河南人民出版社，1999.
② 华岗. 中国大革命史（1925—1927）［M］. 北京：文史资料出版社，1982.

后，中国无产阶级的革命热情又一次被点燃，全国各地的革命力量相继开展了不同内容的运动。1925 年 4 月，福州学生为反对美帝国主义对华的文化侵略发起运动，围在公署门外向省长抗议请愿，结果被乱枪扫射，7 名学生牺牲，数十名学生身受重伤。福州惨案之后，北京又发生了学生包围章士钊住宅事件。与此同时，已经在 1925 年 5 月 9 日签字复工的青岛纱厂工人大罢工事件又出现了新的情况，日本厂主不仅不履行复工条件，反而勾结军警封闭工会。5 月 29 日，反革命势力出动军警 2000 多人，包围 3 家日商纱厂和工人宿舍，对赤手空拳的工人进行血腥镇压，当场牺牲 8 人，受重伤十多人，被捕 79 人，这就是震惊中外的"青岛惨案"。① 这一系列"惨案"的发生，进一步唤起了中国各阶层人民的革命觉悟，吹响了五卅运动的号角。经过一系列的革命运动，反革命势力与中国无产阶级的矛盾更加尖锐，对无产阶级的反抗已断然采取屠杀政策。1925 年 5 月 15 日，上海内外棉七厂日本资本家枪杀工人、共产党员顾正红。5 月 30 日，在中国共产党领导和发动下，上海工人和学生举行街头宣传和示威游行，租借英国巡捕在南京路上突然开枪，打死学生、工人等 13 人，伤者不计其数。发生在上海的五卅激起了全国范围内的大革命，多年来深埋在中国人民心底的对帝国主义的怒火一下子喷发出来，形成工人罢工、学生罢课、商人罢市的局面。全国约有 1700 万人直接参加了运动，从城市到偏僻乡村，到处响起了"打倒帝国主义""废除不平等条约"的怒吼。②

北伐战争时期中国工人运动的势头继续高涨。五卅运动的发展和扩大，锻炼了中国无产阶级的力量，增强了中国革命的力量，使中国共产党得到了更大的发展，改变了中国革命的形势，使北伐战争在短时间内取得了巨大成功。随着北伐战争的胜利，中国工人运动以空前的规模迅速高涨。在湖南、湖北、江西三省，表现得最为显著。早在北伐军队占领武汉之前，武汉已经发生过多次工人运动，到了 1926 年 12 月，北伐军队到达武汉不到两个月，武汉总工会的会员已扩大至 30 万人，工会组织数量扩大至 200 个左右。在湖南，截至 1926 年 11 月底，湖南工会

---

① 华岗. 中国大革命史（1925—1927）［M］. 北京：文史资料出版社，1982.

② 《中国共产党简史》编写组. 中国共产党简史［M］. 北京：人民出版社，2021.

组织的范围从 4 县扩大至 50 县，工会会员从 6 万人增加至 15 万人。①
长沙、武汉、九江等城市的工人相继举行了大规模罢工，大多取得了胜
利。群众性革命斗争蓬勃开展，推动武汉国民政府于 1927 年 2 月收回
了汉口、九江英租界。

2. 二七精神为中国革命进程提供了强大的精神动力

二七大罢工是中国革命史上重要的转折点，经过二七大罢工，中国
工人阶级的革命觉悟和革命经验得到了提升，正式登上了国际革命历史
的舞台，成为中国革命的领导阶级，使中国革命进程进入第一次国内革
命战争时期。从第一次国内革命战争时期的历史事实看，二七精神为工
人阶级提供了强大的精神动力。

英勇无畏的牺牲精神成为中国工人阶级和中国共产党最鲜明的精神
底色。马克思和恩格斯在《共产党宣言》中指出，共产党人从来不屑
于隐瞒自己的观点和意图。他们公开宣布：他们的目的只有用暴力推翻
全部现存的社会制度才能达到。列宁也在《国家与革命》一书中提出，
资产阶级国家由无产阶级国家代替，不能通过"自行消亡"，根据一般
规律，只能通过暴力革命。而任何暴力都意味着流血牺牲。只有通过暴
力才能实现革命的最终目的。在第一次国内革命战争时期，全国范围内
不同程度的群众性运动蓬勃开展，帝国主义国家、军阀势力对中国人民
采取了残酷的镇压手段，中国工人阶级和中国共产党涌现出了许多革命
英雄，留下了许多可歌可泣的感人故事。其中许多烈士为中国工人运动
和中国革命事业献出了宝贵的生命。

空前的团结精神成为中国革命进程不断取得进步的成功密码。二七
大罢工结束之后，中国共产党对中国时局和国际形势的看法更加深入，
认为这时中国的革命力量远不如帝国主义和封建主义势力强大，应该结
成最广泛的统一战线促进中国革命进程。在此背景下，中国共产党充分
发动学生、工人、农民等革命力量。在五卅运动期间，中国各阶级的革
命力量表现出空前的团结。在 1925 年 5 月 30 日大屠杀之后的第二日，
全上海开始罢工罢课罢市。截至 6 月 4 日，公共租界小贩全体罢市，全
上海的罢工形势十分激烈，罢工总数已达到 20 万人左右。6 月 4 日上

① 华岗. 中国大革命史（1925—1927）［M］. 北京：文史资料出版社，1982.

午，上海总工会曾召集各厂代表在少年宣讲团开会，共到 52 个工会，200 多名代表，各代表报告各工厂罢工情形与人数。代表报告时无不慷慨激昂，誓愿坚持到底。在工人阶级的影响下，上海中等商人和小商人也积极参与了这次罢工行动。在此种形势之下，上海的大商人亦被迫参与此次运动，于 6 月 3 日勉强罢市。上海五卅运动进展迅速，两三个星期之后已传播至全国各重要城市，甚至是偏僻的村镇。全国各地开始举行运动援助上海工人和学生的运动，于是帝国主义国家开始进行疯狂的报复和屠杀，引起了革命群众更强烈的反抗。

面对帝国主义的镇压，革命群众没有退缩、不怕牺牲，表现出英勇的斗争精神，利用多种途径和手段反抗帝国主义的压迫，将运动进行到底。

3. 二七精神指引着中国工人及革命运动的实践策略

马克思认为，社会存在决定社会意识，而社会意识对社会存在亦产生能动的反作用。二七精神是马克思主义思想与中国工人运动的产物，是中国工人阶级的集体利益，以及中国工人阶级与各种剥削势力的矛盾的具体表现，展现着当时中国工人阶级的革命状态。因此，二七精神的形成对社会产生巨大的反馈力量，对中国共产党领导的中国革命运动具有导引作用。从后来的历史发展趋势来看，二七大罢工失败之后各地区的工人运动却在坚持发展，凝结了二七大罢工经验教训的二七精神对中国革命具有重要的指导作用，开启了中国工人阶级、中国工人运动新的历史篇章。

统一战线是中国新民主主义革命取得胜利的成功经验。京汉铁路的工人群体用血的事实证明，在人民毫无民主权利的半殖民地半封建的中国，工人阶级赤手空拳孤军奋战很难获得胜利。中国共产党再一次认识到统一战线的作用，联合农民、商界、学界等一切可以团结的力量对帝国主义、军阀势力展开斗争，建立真正的民主。1923 年 6 月，中国共产党第三次全国代表大会在广州举行，这次大会认真详细地总结了二七大罢工的经验和教训，强调了建立广泛战线的紧迫性、必要性。例如，蔡和森同志强调，"二七"失败后得到教训，工人阶级独立的斗争是不能得到胜利的，而必须要有各阶级的援助，并且军阀利用民众开会反对京汉铁路罢工。因此，工人阶级应联合各阶级引导群众做自由的解放运动。① 二七精神的形成与传播，极大地提高了中国工人阶级和中国共产党的政治地位和威信，增强了中国革命队伍的力量。通过二七大罢工，孙中山同志看到了中国共产党及中国工人阶级力量的成长和壮大，开始愿意与共产党合作，最终在国共双方的努力下实现了国共的第一次合作。正是通过二七大罢工，中国共产党更加深刻地认识到中国革命的形势，调整了其革命战略的具体策略，摆正了工人运动与国民革命的关系，对未来领导中国革命具有非常重大的现实指导意义。

坚持党的领导是中国工人运动取得胜利的关键因素。在二七大罢工的过程中，党对工人运动的领导在主要方面是正确的，为这次罢工斗争指明了正确的政治方向，即把斗争的矛头直指封建主义和帝国主义。中国共产党在短时间内把京汉铁路沿线的工人队伍动员起来，组成了一支有纪律的战斗队伍，形成了"紧跟党走"的二七精神内核。在二七大罢工之后，中国共产党汲取经验教训，不断完善党对工人运动的指导方针，促进中国工人运动不断发展壮大。在二七大罢工之后的工人运动低潮期，毛泽东同志提出"弯弓待发"的防守策略，指导安源工会采取守势，使安源路矿工人俱乐部不仅保存了自己的组织，而且开展了很多有声有色的活动，取得了显著的成就。安源路矿工人俱乐部创办了中国第一个工人消费合作社，还通过经济援助、组织支持等活动积极支持外地工人的斗争；帮助农民建立工会，并组织开展斗争。② 1925 年 1 月，中国共产党在上海召开了第四次全国代表大会。此次大会对革命形势、社会各阶级在革命中的地位和作用、无产阶级在革命中的领导权和工农联盟等问题做了比较深刻的分析和论述。尤其是此次大会提出了党领导工人运动的具体计划，对全国正在复兴并即将进入高潮的工人运动发挥了重要的指导作用。

工人阶级成为中国革命队伍的领导阶级和中坚力量。中国工人阶级在二七大罢工中的英勇表现，展现出其先进的革命性，打破了中国社会对中国工人阶级的种种怀疑，成功地走上了世界革命历史的舞台，成为中国革命运动的领导阶级和中坚力量。京汉铁路工人的英勇表现也得到

---

① 中央档案馆．中共党史报告选编［M］．北京：中共中央党校出版社，1982.

② 李玉赋．新编中国工人运动史［M］．北京：中国工人出版社，2020.

了国际工人阶级的深深认同与积极支援。共产国际执行委员会在《就京汉铁路罢工工人流血事件告中国铁路工人书》中指出，经过二七大罢工，中国工人阶级已经加入了全世界无产阶级反对世界各国剥削者压迫者的行列，并勉励中国工人阶级今后更加紧密地团结在中国共产党的周围，为中国、为全世界人民的彻底解放而斗争。① 中国共产党、中国社会各界对中国工人阶级的革命性高度认同，并将领导和发展中国工人运动作为实现中国革命胜利的重要组成部分。在之后的五卅运动、大革命时期的运动，工人阶级越来越能担负起革命任务，推动着中国革命进程不断向前发展。

---

① 刘明逵，唐玉良. 中国工人运动史（第1卷）[M]. 广州：广东人民出版社，1998.

第五章

二七精神在社会主义
革命和建设时期的传承

　　一百年来，在中国共产党的带领下，中国人民经过艰苦卓绝的斗争，推翻了长期压迫在中国人民头上的三座大山，建立了社会主义制度，实现了人民当家作主。在社会主义革命和建设时期，工人阶级接续发挥"紧跟党走、敢于斗争、团结奉献、勇当先锋"的二七精神品格，响应党的号召，在"一化三改""鞍钢宪法"等路线、政策、做法、经验的引领和督促下，建立起独立的比较完整的工业体系和国民经济体系，社会主义工业成为整个国民经济中的主要构成，初步改变了近代以来我国的落后面貌。

一、工人阶级在社会主义革命时期和建设时期的卓越贡献

　　中华人民共和国成立初期，现代工业基础十分薄弱，并且产业分布极不平衡、不合理，这对工人阶级状况及其特点的形成产生了直接的影响。1948 年底，全国职工约有 809 万人（不包括党政机关的公务人员和文教、科卫系统的知识分子及分散在小城镇中相当数量的手工业工人、店员、搬运工人），只占全国人口的 1.49%，并且技术、文化水平较低，文盲、半文盲职工数占总职工人数的 60%~80%。[①] 从总体来看，一方面，工人阶级的先进性集中体现在恢复国民经济和巩固新生政权的忘我奋斗中，是人民革命的胜利改变了工人阶级的政治地位，激发了他

---

　　① 李玉赋．新编工人运动史［M］．北京：中国工人出版社，2020.

们建设新中国的极大热情；另一方面，工人阶级队伍也面临着需要壮大规模和提升素质的紧迫问题，广大职工也需要不断改造和锻炼自己。

由于历史地位和任务的变化，工人阶级在推进中国社会进步中的角色也从革命者转变成为了建设者。在这一时期，工人阶级在中国共产党的领导下，积极投入恢复国民经济和巩固新生人民政权的斗争中，仅用三年时间就实现了国民经济的恢复，巩固了新生政权，创造了中华人民共和国工人运动的良好开端。

（一）中国工人阶级在社会主义革命时期的卓越贡献

刚刚诞生的中华人民共和国，面临着错综复杂的国内外环境，严峻的形势和诸多的困难严重影响着新社会秩序的建立和稳定。一方面，人民解放战争已经取得基本胜利，人民盼望已久的中华人民共和国终于诞生，整个中国大地呈现出一派热火朝天的景象；另一方面，在中国共产党和中国人民面前还存在很多困难，面临许多严峻的考验。面对复杂的形势和种种困难，工人阶级面临的主要任务是：急需把人民解放战争进行到底，完成新民主主义革命的武装斗争任务，迅速恢复和发展国民经济，巩固人民民主专政，在全国范围内建立新民主主义政治制度和经济制度，以便大规模、有计划地为社会主义建设创造良好的条件。

1. 工人阶级为恢复国民经济而努力

为协助政府接管官僚资本企业，各级工会教育工人、启发工人的阶级觉悟，组织工人群众配合接收原来属于官僚资本的企业。上海等城市的企业工人在工会的组织下，成立了"清点委员会""协助接管小组"等，主动协助政府开展工作，被接管工厂的工人、技术人员和管理人员坚守岗位、认真工作。至 1949 年底，在工人的协助下，国家接收了采煤、采油、发电、有色金属加工、纺织、化工等 2000 多家官僚资本企业。协助政府稳定物价，打击投机倒把的非法活动也是中国共产党重要的恢复经济手段。广大工人群众在工会的组织下，积极配合公安、银行等部门，进行检查黑市、查禁囤积、取缔投机等活动。例如，上海市军管会就查封了金银外币投机的大本营"证券大楼"，逮捕了 200 多名银元投机操纵者。工人、店员还开展了群众性的拒用和验收银元活动。这样，就基本上制止了金银外币的投机活动，对于平抑物价、稳定市场、保障社会稳定起到了非常重要的作用。

为了恢复国民经济，党和国家开展了群众性的增产节约运动。增产节约运动的主要表现形式：一是动员各行各业的工人开展不同形式和内容的劳动竞赛；二是在全国范围内推广先进经验和先进方法。1951 年 4月，劳动竞赛首先在纺织行业开展，青岛、天津、东北地区约 9000 多名纺织工人签订了参加劳动竞赛的集体合同。随后其他产业和相应的全国产业工会都制定了本产业开展劳动竞赛的具体目标。同年 8 月，华东地区召开全区 48 个城市的贸易、金融、交通、合作社系统的职工代表会议，制定了竞赛目标和集体合同，推动了整个华东地区劳动竞赛的发展，全区 70%的工人参加了劳动竞赛，有力地保证了生产任务的完成。通过增产节约计划，工人的责任感提高了，生产的积极性普遍高涨，不仅生产数量提高了，而且生产潜力大大增强了。在生产管理、劳动组织、财务管理等方面，也有了显著的改进。随着生产竞赛活动的开展，各地工人积极踊跃参加劳动竞赛，工人阶级的主人翁意识、生产潜力和创造热情进一步提高。

2. 积极参与城市民主改革、推动企业管理民主化

中华人民共和国成立以后，党和政府通过实施一系列制度变革，废除了旧的劳动制度，使工人阶级真实地感受到自己终于当家作了主人。在之前的矿厂企业中普遍存在包工头制和封建把头制，这些包工头和封建把头依靠长期形成的帮口势力，对工人实行残酷的经济剥削和奴役。只有尽快并彻底清除工矿企业中这些旧的劳动制度，才能更好地调动工人的生产积极性，激发工人阶级的主人翁意识。在这一时期，政务院批准并颁布了多项有关废除封建劳动制度的决议和办法，在企业中推行民主管理，建立工厂企业管理委员会等。此外，党和国家还积极调整私营企业中的劳资关系，建立新型的劳动关系。处理好私营企业中工人与资方的关系，提高劳资双方的生产积极性，真正确立了工人阶级当家作主的地位。

3. 为建立和巩固人民民主政权而斗争

中华人民共和国成立初期，建立和巩固新生人民民主政权的任务还很艰巨。在各级工会动员组织下，翻身解放的工人阶级以极大的热情投入这一伟大斗争中。中华人民共和国成立初期，国内还有残留的国民党武装分子、特务分子、土匪恶霸分子。为了巩固新生人民民主政权，中

央人民政府颁布了《中华人民共和国惩治反革命条例》。为响应政府号召，中华全国总工会发表《告工人书》，号召工人群众积极行动起来，协助政府肃清工人企业中暗藏的反革命分子。广大工人群众在工会的组织下成立纠察队，保护工厂，开展防火、防盗、防止敌人破坏的活动，取得了显著成效。工人阶级的积极性还表现在土地改革运动中。1950年冬至1953年春，中国共产党在新解放区农村开展了土地改革运动。工人队伍中有相当数量是来自农村破产的农民，许多职工的家在农村，他们对农村土地改革十分关心。工人积极支持和帮助农民进行消灭封建土地所有制的斗争，各级工会还抽调大批干部直接参加了农村土地改革。

1950年6月朝鲜战争爆发。10月上旬，中国政府应朝鲜政府的请求，派遣志愿军奔赴朝鲜同朝鲜人民并肩抗击美帝国主义的侵略。在志愿军入朝作战期间，全国掀起了抗美援朝、保家卫国的群众运动。1950年11月，中华全国总工会号召全国工人阶级开展抗美援朝、保家卫国运动。工人阶级积极响应政府和工会的号召，大批的铁路工人、电讯工人、汽车司机、建筑工人及医务人员等，分批赴朝鲜战场。许多工人参加了志愿军。全国工人还积极开展献金、献工等运动，有力地支援了抗美援朝战争。

（二）工会组织在社会主义革命时期作用的健全与发展

随着巩固政权、恢复经济各项工作的开展，工会组织的作用日渐凸显，需要建设强有力的工会组织并开展卓有成效的工作，把工人阶级组织起来，发挥主力军作用，共同建设工人阶级自己的新国家。为此，从中华全国总工会到各级工会都做出了巨大的努力。

1. 制定了工会工作方针任务

中国共产党全心全意地依靠工人阶级的城市工作指导思想是制定工会工作方针任务的根本指导思想。中国共产党是中国工人阶级的政党，工人阶级是党的阶级基础。在革命胜利以后，党的工作重心之一转移到城市，这就需要向全党阐明在城市工作中究竟应当依靠谁的问题。毛泽东同志在党的七届二中全会上明确指出："在城市斗争中，我们依靠谁呢？有些糊涂的同志认为不是依靠工人阶级，而是依靠贫民群众。有些更糊涂的同志认为是依靠资产阶级。"毛泽东强调，"我们必须批判这些糊涂思想。我们必须全心全意地依靠工人阶级，团结其他劳动群众，争取知识分子，争取尽可能多的能够同我们合作的民族资产阶级分子及其代表人物站在我们方面"。① 在此思想的指导下，工会通过一系列会议，逐渐完善了工会工作方针的制定。1949 年 11 月，李立三同志在亚洲、澳洲工会代表会议上，代表中华全国总工会提出了中国工人运动和工会工作的主要任务：一是组织和领导工人恢复与发展生产是工人阶级最高的利益，也是工会工作最基本的任务。二是工会要发挥国家政权重要支柱作用。三是工会应当保护工人阶级的利益，争取改善工人生活。四是加强政治文化教育工作。五是建立、扩大和巩固工会组织，克服各种形式的"关门主义"，极力发展工会会员，使工会逐渐成为真正包括全国一切雇佣劳动者的群众组织。在这一系列工会工作方针和政策指导下，工会组织迅速发展壮大，工会工作展现出生机勃勃的景象。

2. 工会组织迅速发展

为贯彻党中央及中华全国总工会制定的工会工作方针和政策，各地党组织选派了大批优秀干部到工会工作，特别是选调了省、市委书记担任当地的总工会领导，为工会组织工作的开展提供了坚强的组织领导保障。各级工会认真贯彻全国工会工作的会议精神，积极开展组织工会的工作。首先，建立和发展产业工会组织。到 1952 年底，共建立了 23 个全国性的产业工会。产业工会组织的建立和发展，有利于统一生产。组织起来的产业工人在恢复国民经济和稳固新生政权中发挥了重要作用。其次，建立和发展地方工会和基层工会组织。在总工会和各地方工会的努力下，到 1952 年底，仅短短三年时间里，全国除台湾、西藏外，各级地方工会组织均已建立起来，工会基层组织发展到 20.7 万个，工会会员队伍日益壮大，由 1949 年底的 370 万人增加到 1002.3 万人，主要大中城市 90%以上的产业工人都参加了工会。工会专职干部有 5.3 万人，各类不脱离生产的工会积极分子达 132 万人。至此，工会已基本上把全国工人阶级组织起来，形成了一支党和国家可以坚定依靠的建设主力军。

---

① 中华全国总工会，中共中央文献研究室．毛泽东邓小平江泽民论工人阶级和工会工作[M]．北京：中央文献出版社，2002.

在工会组织发展的过程中，呈现出重点突出、兼顾全面的特点。重点突出指的是建立产业工会，在较短时间内将全国产业工人组织起来。兼顾全面指的是在重点发展组织产业工会的同时，积极发展其他行业工会。工会组织的建立和发展，是中国共产党工作重心由农村转入城市战略部署的重要组成部分，也是建设政治、经济和社会新秩序的重要组成部分，它为实现中华人民共和国工人运动的方针、任务提供了必要的组织保证。

（三）中国工人阶级建设社会主义过程中的卓越贡献

1956 年 9 月，中共八大根据对社会主义改造完成后，社会主要矛盾变化的正确判断，及时做出了党的工作重心转向社会主义建设的重大战略决策。广大工人阶级根据党的正确指引，广泛深入地开展了增产节约和技术革新运动，以突出的业绩发挥了生产建设的主力军作用。

1. 深入开展增产节约运动

1959 年，党的第二届全国人民代表大会第一次会议提出开展全民增产节约运动；1959 年 8 月，中共八届八中全会做出《关于开展增产节约运动的决议》，指出"目前全党和全国各族人民的中心任务，就是要深入开展轰轰烈烈的厉行增产节约的群众运动，为完成和超额完成一九五九年的生产和建设计划而斗争"。该决议要求，"特别要抓紧今后一个多月的宝贵时机，掀起新的生产大高潮，使工业、农业、运输业在第三季度取得决定性的胜利，用这个胜利来迎接伟大的中华人民共和国成立的十周年。"为响应和贯彻深入开展增产节约运动，中华全国总工会先后召开了多次会议，认真研究如何把职工群众更广泛更深入地动员起来，并向全国职工发出了号召。总工会提出，要加强增产节约运动中的政治思想工作，深入开展比先进、学先进、赶先进竞赛；技术革新和技术革命等活动，推动了增产节约运动迅速掀起高潮。同以往相比，这次活动不仅规模较大，而且在内容和形式方面也都有所发展。在武汉、上海等地较早出现了群众性的"先进帮后进"活动，并很快在全国各地形成了竞赛热潮。各地都有成千上万个先进生产者和先进小组帮助在生产上落后的工人和小组达到先进水平。

2. 掀起技术革新、技术革命运动高潮

1958 年 1 月，毛泽东同志在南宁会议上强调，"现在要来一个技术革命，技术革命就是要大家学技术、学科学。我们一定要鼓一把劲，一定要学习并且完成这个历史所赋予我们的伟大的技术革命"。1958年5月，党的八大二次会议明确提出了社会主义建设总路线。各级工会组织认真学习和坚决贯彻中共中央的一系列指示精神，采取多项措施，切实有效地推动这项运动的开展。1960年2月，中华全国总工会召开八届三次执委会议。会议认为，当前全国各级工会最中心的工作就是在党的领导下与各方面密切协作，动员和组织广大职工群众大搞机械化、半机械化和自动化，把当前的技术革新和技术革命群众性运动推向新的高潮。1960年上半年，全国工业部门机械化半机械化程度，从1959年末的30%左右提高到50%左右。据相关11个省、区、市的统计，已有250万人由手工操作转为机械化半机械化操作。通过技术革新解决了不少生产中的关键问题，尤其是大搞新技术、新工艺、新产品和新材料，更是大大提高了技术革新的水平，促进了生产效率的大幅度提高。此外，工业部门在革新技术的同时还创新管理，在产品设计和制造中运用了设计部门、制造部门、使用部门三结合，科学研究部门、高等院校、工厂企业三结合等组织管理方式。技术革新、技术革命还在一定程度上改善了工人的劳动条件，减轻了劳动强度，保证了安全生产。在运动中，不仅提高了工人和技术人员的劳动积极性和创造性，产生了物质方面的优异成果，而且还提高了职工群众的觉悟程度，涌现出一大批先进集体和先进模范人物，工会自身也积累了相关的群众生产工作经验，这些都是值得肯定的。

3. 积极发展职工教育，提高职工文化技术素质

全面建设社会主义时期的到来，对职工群众迅速提高文化和科学知识提出了要求，只有积极发展职工教育，大力提高职工文化技术素质才能适应社会主义建设的需要。1958年，中共中央向全国发出了向技术革命和文化革命进军的号召，全国各级工会组织和广大职工群众积极响应，迅速投入兴办职工教育和积极努力学习文化科学知识的热潮中。中华全国总工会根据中央的指示精神，及时做出工作部署。首先，大力开展扫盲运动。各级工会协同有关部门，广泛发动和组织职工开展扫盲运动，仅1958年全年就扫除职工中的文盲200万人，接近第一个五年计划期间扫除职工中文盲的总数。其次，积极兴办职工业余学校。工会协

同相关部门，积极兴办各种形式的职工业余学校，努力为接纳、吸收更多的职工参加学习创造条件。1958 年，全国参加各级各类职工业余学校（班）的职工达 1200 万人，比 1957 年增加了 57.2%。到了 1960 年秋，全国职工参加业余学习的人数更是高达 2257.1 万人，占职工总数的 53.7%，成为中华人民共和国成立以来职工入学比例最高的一年。最后，建立健全工会职工教育工作机构。中华全国总工会决定成立教育部，负责办理职工教育的日常工作，并组织力量对职工教育进行调查研究。各地方工会也陆续建立了职工教育工作机构，加强了对这项工作的领导。

4. 塑造劳模榜样，发挥模范引领作用

社会主义建设的全面展开为工人阶级发挥劳动积极性、创造性和施展聪明才智提供了广阔舞台，各行各业都涌现出许多英雄模范人物和先进生产集体，创造了许多可歌可泣的英雄事迹。例如，被誉为"电机华佗"的鞍钢电修厂工程师宋学文、道具革新能手苏广铭、"油脂工业的一面旗帜"李川江。为了表彰在国家建设中做出重大贡献的先进集体和先进个人，总结推广他们的先进经验，党中央召开了多次全国劳动模范表彰大会，在提高群众觉悟、推动国家建设等方面，劳模榜样发挥了十分重要的作用。

（四）社会主义革命和建设时期全国工会组织的发展与工人阶级生活水平的改善

1. 大力加强工作组织建设

在第一个五年计划期间，为了发挥工人阶级在国家建设中的作用，党加强了对工会的领导，各级工会则着力加强了自身建设。一是重点加强基层工会建设，推广先进经验。1953 年 12 月，中华全国总工会在北京召开了第二次全国工会基层工作会议。这次会议继续深入学习、推广了沈阳五三工厂经验，还集中学习了鞍山大型基本建设等先进经验。会议之后，各地各产业工会积极贯彻会议精神，使抓典型、树旗帜、总结推广典型经验成为这一时期工会工作的一个鲜明特点。二是加强党对工会的领导，充分发挥工会组织的作用。1955 年 9 月，赖若愚在《人民日报》上发表"加强党对工会工作的领导"，从八个方面论述了党对工作领导的原则：必须加强党对劳动竞赛的领导；党必须运用工会组织巩固劳动纪律；党必须运用工会经常了解职工群众的生活状况和思想状况；了解职工群众的情绪和要求，对职工的物质和文化生活给予关怀；党的各级组织必须注意发挥工会组织对国家机关和经济机关的群众监督作用；党的各级组织必须重视工会在社会主义改造事业中的作用；党的各级组织必须注意工人阶级和工会组织的阶级纯洁性；党的各级组织应该进一步加强对工会组织的领导。这篇社论系统地阐述了党对工会工作领导的内涵和要求，清除了许多模糊观念，对工会的发展起到了重要的指导作用。三是加强基层工会整顿和工会干部培训工作。这是"一五"计划时期工会组织建设的重要内容。据相关 7 个产业、27 个省市工会的统计，仅 1954 年就有 159 个重点厂矿的工会组织整顿了工作秩序，调整了组织机构，划分了业务范围。在整顿基层工会组织的基础上，中华全国总工会先后召开了工资工作、劳动保险、文教工作、财务工作等专业会议，比较系统地确定了这些业务的工作方针和任务，使工会组织更好地适应社会主义建设的需要。

2. 工人阶级的物质文化生活水平的改善和提高

在"一五"计划时期生产迅速发展、物质基础更为巩固的条件下，党和政府更加关心改善职工生活，在各级工会的努力促进下，职工工资收入有了提高，职工集体福利事业也有了较大的发展。

首先，职工工资收入和集体福利水平有所提高。早在中华人民共和国成立初期，全国各省市就普遍进行了一次工资改革。1956 年 6 月，国务院又通过了《关于工资改革的决定》，决定对企事业单位和国家机关实行工资改革。在中华全国总工会的指导下，各地工会积极开展工资改革工作。1956 年工资制度改革从根本上改变了之前遗留下来的混乱工资制度，初步建立起基本上能够反映按劳分配原则的比较完整的工资制度，职工的工资水平普遍得到了提高。同 1952 年相比，职工的实际工资平均增长了 30%，改善了广大职工的物质生活，使工人群众实际感受到了经济发展的成果。在工人工资获得提高的同时，各项福利事业也有了较大的发展。在这一时期，国家经济快速发展，工人规模不断扩大，这也带来了职工住房不足等问题。因此，国家十分重视解决职工的住房问题，修建了大量的职工住宅，以满足广大职工的需要。截至1956 年，国家共为职工兴建住宅 8100 万平方米，对于住私房的职工也给予一定的补贴，有效缓解了职工住房紧张问题。各级工会组织还为广大职工解决了其他的福利问题，建立职工养老院、妇幼保健院等。职工工资收入的提高和福利事业的发展，使广大职工切身感受到了党和政府及工会组织的温暖，以更多的精力和更大的热情积极投入国家的建设中去。

其次，加强职工劳动保护和保险事业。在第一个五年计划期间，职工因工伤亡的情况时有发生。在此背景下，工会积极协助行政部门做好劳动保护工作，召开了多次工会劳动保护工作会议，推动了工会劳动保护工作的开展。各级工会积极参加政府和工业主管部门有关劳动保护方面的规则、条例的制定，并协助、监督企业贯彻执行；自上而下建立健全工会劳动保护工作机构，培训工会积极分子；进行安全检查，签订劳动保护协议书，开展安全活动日、定期分析工伤事故和职业病情等活动。在加强职工劳动保护工作的同时，职工劳动保险事业也在发展。1953 年 1 月，政务院第 165 次政务会议通过了《关于中华人民共和国劳动保险条例若干修正的决定》，进一步扩大了劳动保险的实施范围，由原来的仅限于铁路、邮电、航运和 100 人以上的工厂、矿场，扩大到工厂、矿场及交通事业的基本建设单位和国营建筑公司。劳动保险和公费医疗水平的提高，增加了养老补助费，放宽了养老条件等。此外，劳动保险事业管理逐步健全，劳动保险事业归工会统一管理，中华全国总工会成为全国劳动保险业务的最高领导机构，工会基层委员会成为执行劳动保险业务的基层单位。

改善职工文化体育事业的发展和精神文化生活。开展职工业余文化活动是工会活动的一项重要内容，不仅是丰富职工生活的需要，也是团结工人、加强工会自身建设的需要。这一时期，工会在发展职工文化事业、建设职工文化阵地、培养职工业余文化等方面，投入了大量的人力、物力，取得了较好的成绩。全国各地大多建立了工人文化宫、俱乐部、图书馆等为职工群众服务。工会电影队的成立，为广大职工群众放映了很多精彩的电影。据相关数据统计，仅 1956 年各省市举办职工体育运动比赛 1500 多次，大型厂矿基层联合举办职工运动会 1.3 万次，参加比赛的职工有 60 多万人。职工文化事业的发展，不仅大大改善了职工的精神文化生活，还使职工的身体素质得到了显著提高，这也是第一个五年计划时期，工会工作和职工队伍建设方面的重大成就。

二、二七精神在社会主义革命和建设时期焕发新的光彩

社会主义革命和建设时期，是中国社会发生翻天覆地变化的重要时期，也是中国工人运动再次发生伟大转折与工人运动蓬勃发展的时期。在这一时期，中国工人阶级在党的领导下，充分发挥工会组织的作用，将广大职工群众动员和组织起来，大力提高职工队伍素质，与党同心同德，奋力建设自己的新家园，在恢复和发展国民经济中做出了重大贡献，使二七精神在社会主义革命和建设时期焕发新的光彩。

（一）"紧跟党走"是工人阶级的行动指南

中国共产党是中国社会主义事业的领导核心，是中国工人阶级的组织中心。首先，党是中国工人阶级的先锋队，代表工人阶级和广大人民群众的最根本利益。其次，中国共产党的指导思想是马克思列宁主义，是工人阶级行动、路线的思想指南。历史反复证明，只有中国共产党才能肩负起实现中华民族伟大复兴的历史使命。最后，党是工人阶级最优秀的先进的有觉悟的部队。因此，发展工人阶级的运动与工作，必须要牢牢坚持党对工人工作的领导。

这一时期的工会理论认为，工会与党之间的关系就是，党领导着工会，工会是党的重要依靠。工会只有自觉接受党的领导，才能使自己保持工人阶级的性质。如果离开党的领导，工会就可能受非工人阶级的思想影响而误入歧途。同时，工会只有自觉地接受党的领导，才能坚持工会发展的正确方向，才能把工会运动纳入实现工人阶级历史任务的轨道。需要强调的是，党对工会的领导是一种政治领导，即政治原则、政治方向、重大决策的领导。这种领导通过工会内党组织的工作和党员的先锋模范作用来体现，但党不包办工会的日常工作事务。

李立三同志曾经对党、政、工的关系进行过详细的讨论。李立三认为，企业组织中的党组织、行政和工会是具有不同性质、不同作用和不同工作方法的组织。党组织由工人阶级的先进分子组成，党的领导作用是依靠党员的模范作用、核心作用来实现的。国有工厂中的行政组织是代表国家管理工厂、执行生产计划的机关。行政部门与工会有时会在某些具体问题上发生争论，这不仅是不可避免的，而且有时是必要的。这种争论的性质，就是工人阶级内部以自我批评的方法来求得某些具体问题矛盾的一致性，也是工会与行政部门相互帮助、相互补充的一种具体表现形式。之后，赖若愚又进一步对党领导工会的原则与方法及工人阶级与工会如何发挥作用等问题做了深入的思考。赖若愚认为，工会必须接受党的领导，这是天经地义的，工会不可能离开党的方针政策来制定自己的一套方针政策。工会在组织上是独立的，工会工作的一切方针均应根据党的方针来决定，但贯彻这些方针政策必须根据职工群众的意愿、要求和觉悟程度来进行。党对工会工作领导存在的问题，主要是一些党组织或经济组织的干部对过渡时期的任务和作用认识不足，以致在工矿企业中党、政、工等各组织职责不清，党委包办过多，忽略了工会的作用。

在具体的实践中，工人阶级及工会组织的主要任务，也是围绕党的领导安排展开部署的。中华人民共和国成立之后，中华全国总工会对这一时期工人阶级的主要任务做出了准确判断和部署，使工人群众从革命者转变为建设者。工人阶级积极响应党的号召，为恢复国民经济和巩固新生政权而斗争。工人积极参加抗美援朝运动、支援农村土地改革、参加"三反""五反"运动，深刻展现了工人阶级"紧跟党走"的精神。

（二）敢于斗争、团结奉献是工人阶级永不褪色的高尚品格

在社会主义革命和建设时期，党和国家面临的情况依然复杂严峻。首先，在军事方面，国民党还有大量军队在西南、华南和沿海岛屿负隅顽抗。国民党溃逃时遗留下了大批残余力量，同当地恶霸势力相勾结，在各地进行疯狂的破坏和捣乱，严重威胁社会新秩序。其次，在经济方面，当时中国的生产萎缩、民生困苦、失业严重、财政困难。由于国民党当局长期滥发纸币，造成物价飞涨、投机猖獗、市场混乱的局面，严重影响着工农业生产的正常进行和人民生活的安定。在解放区还有大量地区尚未进行土地改革，封建半封建的土地所有制还严重束缚着生产力的发展。这种情况，使中国面临比苏联和东欧各国革命胜利后更为艰巨的经济任务。最后，在国际环境方面，中华人民共和国成立后，面对的是美苏由第二次世界大战时的国际合作走向战后对抗，是以苏联为首的社会主义阵营同以美国为首的帝国主义阵营相互对峙进行"冷战"的局面。以美国为首的帝国主义国家对中国采取不承认和敌视的态度，并

企图以政治孤立、经济封锁和军事包围，把中国扼杀在摇篮里。

工业布局不合理。中华人民共和国成立初期，现代工业基础十分薄弱，并且产业分布极不平衡、不合理，这对工人阶级状况及其特点的形成产生了直接的影响。据统计，中华人民共和国成立初期，现代工业只占整个国民经济的 10%；生产方式落后，技术基础异常薄弱，而且大多集中在少数沿海、沿江或沿交通干线的城市。内地工业份额微乎其微，许多省区市尤其是偏远地区几乎没有现代工业。当时全国的工业主要是以农副产品为原料的棉纺、缫丝、面粉、卷烟、造纸、制革等轻工业行业，占全国工业的 74%。占比很少的钢铁业有 80% 集中在东北地区。

1950 年 6 月召开的中共七届三中全会提出用三年左右的时间，为争取国家财政经济状况的根本好转而斗争，提出"努力恢复和发展生产是工人阶级的最高利益，也是工会工作最基本的任务"。可以说，在这样的条件下工人阶级工作的开展是极其艰难的，工人阶级的力量是相对薄弱的，但是在党的领导下，工人阶级不畏艰难、敢于斗争，积极同各种艰苦的客观因素做斗争，以新的主人翁的热情忘我地工作，极大促进了生产的发展，为新生人民政权的巩固和国民经济的迅速恢复发挥了巨大的作用。在国民经济恢复时期的五三工厂，该厂紧紧依靠工人群众，克服了种种困难，改造了旧企业，建立了社会主义经营管理制度，逐年超额完成国家经济计划的各项指标，在发展生产的基础上逐步改善与提高职工群众的物质生活与文化生活。五三工厂的成就是这一时期工人阶级奋斗成果的标志。

（三）社会主义革命和建设时期工人阶级始终勇当建设社会主义事业的先锋

经历过二七大罢工之后，工人阶级日渐成为中国革命的领导力量，在中国共产党的带领下，全国各族人民实现了新民主主义革命的胜利。中华人民共和国成立之后，在二七精神的鼓舞下，工人阶级始终肩负着中华民族伟大复兴的历史使命，是进行社会主义革命和建设社会主义事业的先锋。毛泽东同志长期对二七大罢工所产生的鼓舞作用十分关注。中华人民共和国成立后，毛泽东同志两度为武汉二七烈士纪念碑题词，反复肯定二七大罢工的革命性质和激励作用。党的八大报告指出，工人阶级是社会主义建设的主力军，它理应在社会主义建设中承担起自身的责任和使命，发挥中流砥柱的作用，社会主义时期的工人运动和工会工作理应将此确定为主题。

在这一时期，工人阶级涌现出许多优秀的劳模代表，展现了中国工人阶级勇当先锋的精神风貌。孟泰是鞍钢工厂的劳动模范、中国工人阶级的优秀代表。他为恢复我国最大的钢铁基地——鞍钢——生产，做出了突出的贡献。1948 年 11 月，辽沈战役胜利，东北地区开始进入大规模的经济恢复和建设的新时期。可是鞍钢工厂被日本帝国主义和国民党破坏得十分严重，想要恢复生产极为困难。就在这时，孟泰带领全家跟随解放军，从通化铁厂回到了鞍钢工厂。在这里，他不管白天黑夜、刮风下雨，跑遍了所有厂区，刨冰雪、抠备件、扒废料堆、找材料，捡了成千上万个零件，建起了闻名全国的"孟泰仓库"，修好了被破坏的二号高炉，使鞍钢工厂恢复了生产。1964 年，孟泰担任了炼铁厂的副厂长，即便他成了领导，但始终保持着工人阶级的本色，心不离群众，兢兢业业，忘我工作。孟泰的优秀品格受到了党和人民的高度赞扬。1950 年、1956 年和 1959 年，孟泰连续三次被评选为全国劳动模范和全国先进生产者。他还被选为第一、第二、第三届全国人民代表大会的代表，担任中华全国总工会第七、第八届执行委员会委员，多次受到毛泽东、周恩来、刘少奇、朱德同志的接见。[①]

王进喜是大庆油田 1205 钻井队队长、中国工人阶级的杰出代表。中华人民共和国成立之初，我国的钻井技术还很落后，经验少且缺乏器材。在如此困难的条件下，为了多打井、支援工业建设和改变我国缺油的状况，王进喜带领全队工人在 1958 年创造了月钻井进尺 5000 米的最高纪录，荣获"卫星井队"红旗一面，王进喜带领的团队被命名为"钢铁井队"。在开发大庆油田的日子里，王进喜把自己的全部精力和心血都倾注在打井上，为发展我国石油工业做出了卓越的贡献。[②] 可以说，正是在这样的工人阶级奋斗下，中国的经济社会事业的建设任务才能迅速完成，工人阶级真正肩负起实现中华民族伟大复兴的历史任务。

---

① 高明岐，黄耀道 . 中国职工劳模列传［M］. 北京：工人出版社，1985.

② 高明岐，黄耀道 . 中国职工劳模列传［M］. 北京：工人出版社，1985.

三、传承发扬二七精神的红色资源建设

二七大罢工发生于京汉铁路全线，郑州、武汉、长辛店、信阳等诸多地点都是铁路工人的斗争场所，是铁路工人流血牺牲的地方。二七精神不仅属于郑州一地，还属于包括武汉、长辛店和全体铁路工人在内的工人阶级，属于整个中华大地。二七精神不只属于一百年前的那个时代，而是在革命、建设、改革开放和新时代都闪烁着不朽光辉。

长期以来，郑州、武汉等地都对二七大罢工的研究和纪念十分重视，建立和命名了许多有关二七大罢工的纪念地、纪念馆、纪念碑、道路、建筑、区域等，发表了许多纪念和研究文章。"二七"以及与"二七"有关的各种因素、符号早已成为郑州、武汉等地人们日常工作生活的一部分。郑州作为京汉铁路总工会成立和二七大罢工的策源地对于研究大罢工的历史、背景、意义和总结提炼二七精神有特殊意义。郑州被称为火车拉来的城市，郑州的早期发展围绕着铁路、车站推开，"二七塔"是郑州最知名的地标性建筑，"二七"的符号在郑州随处可见，成为郑州的形象代表。中华人民共和国成立后，郑州坚持传承和发展二七精神，建设了一系列二七精神的现实和文化符号，二七精神的丰富内涵为郑州的发展提供了强劲的精神力量。

（一）中华人民共和国成立之后郑州二七精神文化符号的构建

1949 年初，国民党在大陆的统治接近崩溃边缘，中华人民共和国的成立指日可待。在中华人民共和国成立前夕的 1949 年 2 月 1 日，中华全国总工会向全国解放区职工总会发布纪念"二七"二十六周年通知。通知指出，"在目前人民解放战争获得空前胜利、国民党反动政府很快就要完全垮台、全国胜利在望的环境中，纪念'二七'，有特别重大的意义。"在具体宣传方面，中华全国总工会也提出了几点具体要求：①纪念"二七"，要与目前反对国民党假和平、争取真正的民主的永久和平密切地联系起来。要用工人阶级在"二七"以后争自由争生存的斗争遭受帝国主义走狗国民党残酷镇压屠杀的许多历史事实，来说明不把革命进行到底，不彻底结束国民党反动统治，工人阶级是无法翻身的。②说明现在解放区的工人阶级，不仅获得了"二七"时代中国工人阶级所流血争取的组织工会的自由，而且成了民主政权的领导者，

国家社会的主人。③纪念"二七"，要号召工人建立和巩固职工会的组织，密切职工会与工人群众的联系，提倡以互助合作的方法，举办各种职工福利事业。④国民党统治区各民主工会，应估计客观条件所许可的情况，或借工人群众种种集会的机会，来联系目前时局，宣传"二七"，组织公开或半公开的纪念会，或只作口头或文字的宣传。①

在中华全国总工会的号召下，1949 年 2 月，郑州市人民政府在香口饭店宴请全市曾参加过二七大罢工运动及为解放郑州保护铁路、工厂、企业和建设中华人民共和国有功的工人和企业代表。2 月 7 日，全市各界 1.7 万余人在郑州市陇海花园隆重举行了二七大罢工 26 周年纪念大会，晚上还举行了盛大的火炬游行活动。② 在中华人民共和国成立之际，中华全国总工会、各地方工会进行了纪念二七大罢工活动，可见二七精神在工人运动史、工会工作中的地位和重大作用，标志着二七精神已经成为中国工人阶级、郑州市的标志性精神。

在社会主义革命和建设时期，郑州工会几乎每年都要进行二七大罢工纪念活动。改革开放时期，二七纪念活动也经常举行。1982 年 1 月，河南省郑州市领导，省、市总工会及郑铁总工会负责人带着节日礼物，分别到 10 位"二七"老工人家里慰问，向"二七"老工人拜年，祝他们健康长寿，春节快乐。1983 年 2 月，河南省郑州市和郑州铁路局党政领导及省、市、郑铁总工会负责人，分别到"二七"老工人家里和医院进行慰问，并专程赴汤阴为"二七"烈士司文德扫墓。2 月 5 日上午，1500 余人在二七纪念堂集会，纪念"二七"革命斗争 60 周年。于一川在会上讲话，"二七"老工人和职工代表先后发言。③

此外，郑州市建立了一系列二七精神文化符号的建筑。1951 年 2 月 7 日，为纪念二七大罢工，郑州市人民政府通令，将长春路改为二七路。同年 9 月，郑州市人民政府在京汉铁路总工会成立旧址"普乐园"原址上修建了"郑州二七纪念堂"。1953 年 2 月 7 日，郑州二七纪念堂举行落成典礼。全市各界代表和"二七"老工约 1500 余人隆重集会，纪念二七大罢工 30 周年。之后二七纪念堂成为郑州开展革命教育

---

① 陈素秀. 京汉铁路工人大罢工史料汇编 [M]. 郑州：河南人民出版社，1999.
② 王宝善. 郑州工会志 [M]. 郑州：中州古籍出版社，1990.
③ 王宝善. 郑州工会志 [M]. 郑州：中州古籍出版社，1990.

工作、为职工群众服务、为工人运动事业服务的标志性单位。① 每年的 2 月 7 日，郑州市都会在这里举行规模不等的二七大罢工纪念活动，弘扬和传承二七精神。1971 年 9 月，二七纪念塔落成。郑州二七纪念塔为钢筋混凝土结构，平面呈两个五角形并联，是一座建筑风格独特的仿古联体双塔。郑州二七纪念塔的形象一出，便成为郑州本土企业商标上的元素符号，双塔牌油漆、复写纸等均以双塔造型为标志，"二七"文化与商业交融后，反哺了郑州这座城市。此外，郑州市还建有二七区、二七广场等二七文化符号，如今郑州人都说郑州是火车唤醒的城市，是"二七名城"。

（二）二七精神传承的丰富对郑州发展的重要意义

郑州是二七大罢工的主要策源地，也是"二七"文化氛围最浓厚的城市。二七精神是郑州珍贵的革命红色文化和教育资源。可以说，郑州正是在二七精神文化的哺育下取得了飞速的发展。近年来，郑州落实中部地区崛起和黄河流域生态保护和高质量发展国家战略，围绕国家中心城市高质量建设做了诸多工作，产业优化、城市提质、综合承载力持续加大，文化关注度不断攀升。郑州先后成为央视春晚分会场、金鸡百花电影节、中国 500 强企业高峰论坛、全国少数民族传统体育运动会等重要活动的举办地，郑州人民幸福指数稳步提升。

1. 二七精神团结凝聚了郑州人民的力量

郑州举行过多次二七大罢工纪念活动，鼓舞和团结郑州人民的力量，推动郑州人民加入城市发展和建设的运动中。每到郑州发展的关键时刻，郑州工会都要组织较大型的二七纪念活动，可见二七精神的意义和象征，已经深深融入郑州人民的心中。在二七精神的鼓舞下，郑州市涌现出许多劳动模范代表，为郑州市的建设做出了巨大的贡献。例如，郑州市食品公司建文肉食合作中心店售货员、副经理王秀荣，曾获得全国"五一劳动奖章"。王秀荣用优秀的服务赢得了顾客的信任。1987年，王秀荣到连续亏损的肉食门市部门工作。王秀荣上任之后，连续数月超额完成销售计划和利润计划，不仅给职工发了工资，而且还发了奖

---

① 郑州市地方史志编纂委员会. 郑州市志（第 1 卷）［M］. 郑州：中州古籍出版社，1999.

金。1977~1982年，王秀荣曾先后被评为省市劳动模范、全国三八红旗手、青年突击手。1982~1988年，王秀荣又先后荣获全国商业系统劳动模范、全国"三八"红旗手等称号。① 郑州第二柴油机厂厂长吴殿久作为一家企业的主要负责人，具有强烈的事业心和责任感，表现了较为突出的组织领导才能和决策水平。他思想解放，大胆改革，一举摘掉了"亏损企业"的帽子。"六五"计划期间，在他的领导下，第二机厂的产量、产值和利润三大指标分别递增20.5%、21.5%和29.7%，取得了明显的经济效益和社会效益。第二机厂连续两年被评为"河南省经济效益显著单位"，主导产品荣获国家银质奖。1984年，吴殿久先后被评为市劳动模范和市特等劳动模范，1986年被授予全国"五一劳动奖章"，荣获"全国优秀经营管理者"称号。② 正是在这些劳动模范的带领下，郑州市人民团结一致，精神昂扬地投入城市发展和建设中。

2. "二七"红色革命文化资源为郑州发展提供了经济贡献

长期以来，郑州市以郑州二七大罢工纪念塔所在的二七广场和火车站为中心，向四面延伸发展。与京汉铁路工人运动相关的旧址和纪念性建筑均地处中心城区商贸聚集地，并且与发展较为成熟的德化步行街相邻。二七主题文化街北起二七广场，以二七塔为开端；南至钱塘路上的二七纪念堂，再往南300~400米连接郑州铁路工人夜校旧址。这三点一线成为郑州市的红色旅游、爱国主义教育、传统革命教育连线。自党的十八大以来，郑州市二七区围绕"品质二七、田园二七、温暖二七"和建设现代化国际化生态化复合型新城区总体目标，坚持"全域统筹、融合发展"的理念，以文促旅、以旅彰文、高位谋划，有力地推动了文旅融合发展，文化内涵更加丰富，旅游经济快速增长。目前，郑州市二七区已初步形成了以二七商圈、二七纪念塔、二七纪念堂为代表的红色旅游和商贸旅游项目，以华侨城、瑞光创意工厂、足球小镇、奇幻王国等为代表的体验式文旅项目，以樱桃沟景区为代表的生态旅游项目，进一步提升了城区文化品质和文化软实力。

在二七精神的鼓舞和影响下，郑州市委市政府带领全市人民群众，团结奋进、锐意进取，实现了郑州市的跨越式发展。1987年，郑州市

---

①② 王宝善. 郑州工会志 [M]. 郑州：中州古籍出版社，1990.

的地区生产总值仅为66.3亿元。2021年，郑州市的地区生产总值高达12691亿元，① 地方财政一般公共预算收入超过1200亿元，进入中国城市综合经济竞争力20强，成为全国重要的高质量发展区域增长极。经济发展方式加快转型，产业结构进一步优化，第一、第二、第三产业比重将优化为1.3：39.8：58.9，以科技创新为驱动、以数字化为引领的新旧动能转换步伐加快，电子信息、汽车与装备制造业等战略产业支撑不断增长，数字经济快速发展。轨道交通运营里程达到206.3千米，农业路高架、四环快速化等一大批重大基础设施建成投用，市域城市建成区面积扩大至1200平方千米左右，城乡环境面貌、形态品质、承载功能全面提升。对外开放实现重大突破，深度融入"一带一路"建设，中国（河南）自由贸易试验区郑州片区探索创新不断突破。法治郑州、平安郑州建设全面深化，社会文明程度明显提高，市域治理现代化加快推进，社会大局更加和谐稳定有序，为郑州开启现代化国家中心城市建设新征程奠定了坚实的基础。②

---

① 资料来源于郑州市统计局。

② 资料来源于《中共郑州市委关于制定郑州市国民经济和社会发展第十四个五年规划和二〇三五年远景目标的建议》。

第六章

二七精神的历史意义与时代价值

1923 年 2 月，京汉铁路工人发动的大罢工在很大程度上唤起了广大劳动人民的觉醒。在罢工运动中，中国铁路工人表现出了高度的组织性、纪律性、先进性以及坚定的革命精神、顽强的斗争精神和团结奉献精神。这些精神总体概括起来就是"紧跟党走，敢于斗争，团结奉献，勇当先锋"。同时，我们还应注意到，多年来，国内许多专家学者对二七精神进行过多次提炼与总结，对二七大罢工的历史进行过详细的考证与阐释。这些提炼、总结、阐释从丰富视角对二七精神和二七大罢工进行了深刻解读，取得了丰硕成果。二七精神的内涵是广泛的，二七大罢工的历史意义是深远的，正因如此，二七精神才能穿越时空、历久弥新，随着时代的发展不断被发现新的内涵。二七精神在新时代新征程上仍将闪耀着时代的光辉，激励全体劳动人民共同在新时代新征程上奋勇前进。

一、二七精神内涵的历史嬗变

二七精神是中国铁路工人和整个工人阶级群体精神的集中体现，是中国共产党人伟大精神的重要一脉。长期以来，二七精神是鼓舞人们敢于斗争、顽强拼搏的一面旗帜，同时也是激励我们继续艰苦奋斗、攻坚克难的强大精神动力。自二七大罢工发生以后，二七精神不断被发现和赋予体现时代特征的重要内容，其核心内涵经历了一个不断丰富和完善的发展过程。

"精神"一词起初用来指与人形体相对应的精气、元神、神志、心神，后演化为描述有智动物特有内在现象的名词。古今中外的学者从不同角度对精神做了描述和阐释。例如，《吕氏春秋·尽数》中的"圣人察阴阳之宜，辨万物之利，以便生，故精神安乎形，而年寿得长焉"；《庄子·知北游》中的"夫昭昭生于冥冥，有伦生于无形，精神生于道，形本生于精，而万物以形相生"；《淮南子·精神训》中的"五脏能属于心而无乖，则教志胜而行不僻矣。教志胜而行之不僻，则精神盛而气不散矣"；等等。相较于托马斯·阿奎那、黑格尔、费希特等唯心主义者将精神和意识绝对化，真正赋予精神正确含义的是马克思。马克思认为，物质是第一性的，精神是第二性的，精神是人脑的特殊机能，与人类思维器官紧密相关，是物质发展到高级阶段的产物，同时也是社会实践的产物。社会的精神现象一旦产生就具有相对独立性，对社会存在巨大的反作用。正如列宁在对黑格尔哲学思想进行解读时曾提到，人的意识不仅反映客观世界，而且创造客观世界。精神对于"类存在"的人而言至关重要。马克思在《1844年经济学哲学手稿》中指出："动物和自己的生命活动是直接同一的。动物不把自己同自己的生命活动区别开来，它就是自己的生命活动。人则使自己的生命活动本身变成自己意志的和自己意识的对象。他具有有意识的生命活动。这不是人与之直接融为一体的那种规定性。有意识的生命活动把人同动物的生命活动直接区别开来。"① 这就从根本上点明了精神在人类社会实践活动中的巨大作用。

从字义来看，精神指包括感觉、知觉、表象、概念、判断、推理在内的人的心理状态、意识活动和思维能力，人们通过实践所产生的认识、思想、观念、理论、信念、理想、方针、路线、计划、政策、办法是精神现象的具体表现形态。在实际应用中，精神又拥有实质、本质、气质、健康状况、心理状况、精神风貌、道德风尚、价值追求等多重语义。

先进、崇高的精神能够团结人心、凝聚力量，给人指明前行的方向，增强前行的动力；一个民族如果精神达到一定高度，就能够在世界历史发展的大浪潮中屹立不倒、勇往直前。李大钊曾说："历史的道

---

① 马克思.1844年经济学哲学手稿［M］.北京：人民出版社，2000.

路，不全是平坦的，有时走到艰难险阻的境界，这是全靠雄健的精神才能冲过去的。"习近平总书记在党史学习教育动员大会上指出："世界上没有哪个党像我们这样，遭遇过如此多的艰难险阻，经历过如此多的生死考验，付出过如此多的惨烈牺牲。一百年来，在应对各种困难挑战中，我们党锤炼了不畏强敌、不惧风险、敢于斗争、勇于胜利的风骨和品质。这是我们党最鲜明的特质和特点。在一百年的非凡奋斗历程中，一代又一代中国共产党人顽强拼搏、不懈奋斗，涌现了一大批视死如归的革命烈士、一大批顽强奋斗的英雄人物、一大批忘我奉献的先进模范，形成了井冈山精神、长征精神、遵义会议精神、延安精神、西柏坡精神、红岩精神、抗美援朝精神、'两弹一星'精神、特区精神、抗洪精神、抗震救灾精神、抗疫精神等伟大精神，构筑起了中国共产党人的精神谱系。我们党之所以历经百年而风华正茂、饱经磨难而生生不息，就是凭着那么一股革命加拼命的强大精神。"①

习近平总书记在讲话指出的中国共产党"不畏强敌、不惧风险、敢于斗争、忘我奉献"等风骨和品质，与二七精神高度契合。"不畏强敌、不惧风险、敢于斗争"体现在面对封建反动军阀的残酷压迫、阻挠、恐吓、镇压时，京汉铁路3万多工人毅然进行了大罢工，与反动势力进行了英勇斗争，付出了巨大牺牲。罢工的领导人之一——共产党员林祥谦不幸被捕，被残酷杀害；共产党员施洋牺牲。许多铁路工人惨遭杀害，大量工人被打伤，更多的工人被开除、流亡，许多工人家属也遭洗劫和迫害。惨案发生后，中共中央发表《中国共产党为吴佩孚惨杀京汉路工告工人阶级与国民》，号召全国人民和工人阶级团结起来，打倒压迫和残杀工人的军阀。共产国际执行委员会发表《就京汉铁路罢工工人流血事件告中国铁路工人书》并指出，中国工人已经真正进入了有组织的国际无产阶级的行列。此次罢工运动虽以失败告终，但革命先烈们用自己的鲜血深刻教育了广大人民，极大地唤醒了工人阶级和中国人民团结起来斗争的意识，在中国工人运动史乃至整个中国历史上留下了光辉的一页。李大钊后来评价道："京汉路工热烈奋勇战斗的精神揭开了'国民革命和阶级革命的第一幕'。"

为了对二七精神有更全面和深入的了解，在此我们把多年来国内众多专家对二七精神的各种提炼和总结一并列出。从中可以看出，虽然各个提炼、总结在具体用词上不尽相同，但总的指向、特点、风格、内涵等比较接近，均不同程度地体现了二七精神的特质，反映了时代特征，展示着中国铁路工人和工人阶级的精神风貌。例如，1990年，曾宪林在《江汉论坛》杂志上发表了《"二七"斗争的革命精神》一文，从四个方面概括了"二七"斗争的革命精神内涵：一是高度的革命自觉性，主要表现在斗争目的明确，自始至终都是为自由、为人权而战；二是团结战斗相互支持，主要表现在斗争中工人阶级紧密团结、生死与共；三是高度的组织性、纪律性，主要表现在一切行动听总工会指挥；四是不怕流血牺牲，主要表现在在任何情况下，工人阶级都表现出了不为武力所屈的革命英雄气概。该文章还分析了"二七"斗争的革命精神产生的时代背景：在国际方面，罢工发生在第一次世界大战和俄国十月革命之后的无产阶级革命时代；在国内方面，罢工爆发正值五四运动爆发和中国共产党成立，中国的革命形势已经发生了巨大变化。在此基础上，得出"二七"斗争的革命精神是马克思列宁主义与中国工人运动相结合及在党的教育下所产生的结论。① 这是关于二七精神内涵的早期表述，带有明显的时代色彩。

陈道源认为二七精神主要体现在：无产阶级的彻底革命精神；破旧立新，敢为人先的创造精神；无私无畏，顽强拼搏的奉献精神；团结一致，严守纪律的自觉精神。② 宋景濂认为，京汉铁路大罢工为后人留下了正确的政治方向、团结就是力量、严明的纪律性和特别能战斗的精神。③ 饶庶将"团结、纪律、觉悟、奋斗"提炼为二七精神的主要内容。④ 唐正芒认为二七精神的内涵应该包含"英勇、团结、牺牲、奉献"四个核心内容。2013年，冯雪利在《纪念二七大罢工90周年座谈会纪要》中记录了在中共北京市委党史研究室主办的"二七精神的传

① 曾宪林．"二七"斗争的革命精神［J］．江汉论坛，1990（6）：78-80.
② 陈道源．全国百家大中型企业调查郑州铁路局［M］．北京：当代中国出版社，1996.
③ 宋景濂．职业理想道德行为纪律读本［M］．北京：中国铁道出版社，1996.
④ 饶庶．二七精神续写新光荣［N］．工人日报，2011-06-30（002）.

承与创新"座谈会上，专家们关于二七大罢工的历史功绩、党在二七大罢工中的作用、罢工失败的原因和经验教训及二七精神的传承和时代价值的发言。戴文宪认为，在民主主义革命时期，二七精神体现为反帝反封建的爱国主义精神、不畏强敌、不惧牺牲的英勇斗争精神和铁肩担道、勇立潮头的精神；在中华人民共和国成立初期，二七精神体现在克服困难、不怕牺牲的献身精神；在全面建设社会主义时期，二七精神表现为全心全意为人民服务的奉献精神；在改革开放时期，二七精神表现为改革、奉献、拼搏、争先为主要内涵的火车头精神。仝华认为，二七大罢工过程中工人表现出了团结奋斗、遇挫不馁和勇于献身的精神，这些精神在如今仍然具有指导意义。王永玺认为，信仰之坚定、精神之无畏、意志之刚毅、团结之强固、纪律之严明，是二七精神的具体体现。钟雪生认为，二七斗争的伟大功绩表现出坚决彻底不怕牺牲的革命斗争精神和万众一心、纪律严明、令行禁止的组织纪律性与集体奋斗的团体精神。冯树海认为，二七精神表现为爱国、爱党、爱路、争人权争自由的精神，新时代更应该是一种站在时代潮头勇于奋斗、勇于牺牲的精神。

通过充分讨论，与会学者们基本认同二七精神的精神内涵是拼搏、奉献、进取。

2016年，河南省总工会曾发表文章《气壮山河与"二七"的历史功绩》对二七精神进行了深入阐释，将其概括为："坚决彻底不怕流血牺牲的革命战斗精神；万众一心、纪律严明、令行禁止的组织纪律性与集体奋斗的团队精神；由分散斗争到联合斗争、由经济斗争到政治斗争的革命首创精神。"[1]

郑州二七纪念馆学术研究部主任庞倩华把二七精神概括为：争人权、争自由的高度的革命自觉性，团结战斗、生死与共的革命信念，一切行动听指挥的高度的组织性和纪律性，以及不怕流血牺牲、不屈服于武力的英雄气概。[2]

---

① 共产党员网. 气壮山河与"二七"的历史功绩［EB/OL］.［2016-01-20］. ht-tps：//news. 12371. cn/2016/01/20/ARTI1453259656123869. shtml.

② 大河网. 火车拉来的城市打下京汉铁路大罢工的印记［EB/OL］.［2021-01-26］. http：//newpaper. dahe. cn/dhb/html/2021-01/26/content_ 472053. htm.

冯晶丽等提出二七红色精神主要包括三个方面：坚守信仰、对党忠诚的精神；舍生忘死、无私奉献的精神；艰苦奋斗、勇于牺牲的精神。① 这一时期，关于二七精神的探讨较以往已有很大的发展。

2019 年，郑州市二七区举办专家研讨会，明确把"坚定信仰、忠诚为民、敢于斗争、勇于担当"确立为二七精神的主要内容。在此基础上，2021 年，中共郑州市委再次组织国内党史专家学者对新时代二七精神进行了更为深入的提炼和总结，将二七精神的核心内涵界定为"千里同轨、万众一心的团结精神；坚定信念、追求真理的创新精神；顽强拼搏、勇为前锋的斗争精神；忠诚为民、不怕牺牲的奉献精神"，编辑形成《二七精神》，为日后进一步的研究和提炼提供了重要支持。

以上专家学者们对二七精神的提炼和总结反映了多年来二七精神不断发展和完善的历史演进过程。通过对这些历史演进过程的梳理和总结，发现二七精神始终如一的清晰脉络，有助于我们更加深刻理解习近平总书记指出的二七大罢工的深远历史意义，更好把握二七精神广泛而又共同的精髓实质。

二、二七精神的历史意义

党的二十大报告指出，全面建设社会主义现代化国家、全面推进中华民族伟大复兴，关键在党。工人阶级是中国共产党的阶级基础，随着时代的变化和需要，党的阶级基础扩大了，要解决和面对的问题也更多了。党要始终赢得人民拥护、巩固长期执政地位，必须时刻保持解决大党独有难题的清醒和坚定。二七精神是党的二十大提出的时代要求的忠实践行者。

二七精神集中体现了工人阶级先进的政治品格、坚定信念、崇高理想和优良作风，凝聚了中国共产党人敢于斗争、不怕牺牲、开拓进取的特点，是我们取之不尽、用之不竭的宝贵精神财富。全面把握二七精神的广泛内涵和共同精髓要义，对于新时代树立正确的价值观，传承好红色血脉，掌握更为主动的精神力量而言具有重要的历史和现实意义。

---

① 冯晶丽，张歌，贾倩倩 . 弘扬二七红色文化　传承革命传统基因［J］. 中共郑州市委党校学报，2018（4）：88-91.

（一）二七精神长期鼓舞工人阶级紧密团结在党周围

在紧跟党走的前提下，团结一心、和衷共济是京汉铁路大罢工运动的一个突出特点。早在京汉铁路大罢工之前，京汉铁路的工人们不仅自身积极投入反对帝国主义和封建主义的实际斗争中，而且还努力团结其他铁路工人，对全国各地罢工斗争做了积极的援助。例如，京汉铁路工人对陇海铁路机务工人罢工的支援。1921 年 11 月 20 日，因反对担任陇海铁路总管的法国人若里虐待工人、克扣工料、罚薪裁人，2000 余名陇海铁路机务工人举行了罢工斗争。在《敬告全国各路同胞同业弟兄们恳乞救援》的宣告书中，列举了若里的十大罪状，提出"反虐待""争人格""光国体"，"不受外国人无理之欺凌"的口号；要求"各路同胞同业兄弟体恤苦况，怜悯援助"。得知罢工运动发生后，中共中央局、中国劳动组合书记部、中共北方区委和中共武汉区委立即派人到现场指导罢工。京汉铁路工人则表示坚决支持罢工工人，严词拒绝了反动当局派他们到陇海路开车的命令。长辛店工人俱乐部得知消息后，连夜召开秘密会议，做出了三条决定：致书洛阳陇海路工人，许以经济和实力上的帮助，促其坚持到底；致书陇海驻京办事处，促其早日圆满解决问题，如不能，京汉铁路工人将与陇海铁路工人一致行动，为其后援；致书郑州工人对罢工予以支持。又如，1922 年 9 月，粤汉铁路工人举行罢工后，京汉铁路长辛店工人立即提出了通电支援、筹集巨款和一致罢工三条援助措施。再如，香港海员大罢工爆发后，海员工会代表张国坚联系长辛店工人俱乐部，要求予以帮助。长辛店工人俱乐部立即表示同意，开始着手联络北方铁路工人以取得支援，同时发起"香港海员罢工北方后援会"，号召京汉、京奉、陇海、京绥、正太铁路工人积极参加。

京汉铁路大罢工爆发后，反动军阀吴佩孚血腥镇压罢工工人，制造了震惊中外的二七惨案。二七斗争的烈火迅速烧遍了华夏大地，一时间，"打倒封建军阀"的口号响彻南北。正太铁路、津浦铁路、道清铁路、京奉铁路、京绥铁路、粤汉铁路相继开展支持罢工的各项工作。其中，津浦路浦镇分工会召开浦镇机厂和浦口工会骨干紧急会议，表示"京汉路工友的成败即是我们的成败"，会议决定 2 月 8 日举行同情罢工，并向全国报馆发出声援京汉铁路工人斗争的通电。陇海铁路工人得知后，连续八个月每人每月捐献资金，来抚恤二七惨案遇难者家属。

　　是什么样的因素能够使全国各地的工人们团结起来呢？

　　第一，铁路工人本身的特点和优越性决定了工人们能够自发地团结起来。鸦片战争以后，中国的门户洞开，外国商品裹挟着资本和近代生产方式加速了中国传统小农经济的解体。大量失去土地的破产农民和小手工业者从自耕农经济中剥离出来，卷入廉价的劳动力市场，靠出卖劳动力来维持生计，被迫沦为资本的奴隶。这些新兴的工人阶级主要具备以下特点和优势：一是工人本身不占有生产资料，并且与较为先进的生产方式相联系，在工业生产中形成了高度的组织性和纪律性；二是受生产方式影响，工人们工作联系紧密，集中程度高，消息灵通，运输调动快，可以相互支援；三是工人与农民有着天然的联系，能够形成广泛的工农联盟。中国铁路工人中的大部分就来自农村，还有一部分以前是船舶修造业的工人。正因如此，铁路工人们本身所具备的这些特点和先天优势是能够团结一致、共同对敌的重要原因。

　　第二，帝国主义、封建主义和官僚资本主义的层层压迫，使工人阶级富有革命性和大无畏精神，并且相较于其他阶级有着更为彻底的革命要求，这也是促成全国铁路工人们团结一致、万众一心的重要原因。1920 年 12 月，邓中夏在长辛店劳动补习学校从教期间，深入工人群众中，了解工人生活环境，在他所撰写的《长辛店旅行——日记》中就深刻披露了京汉铁路工人苦难的生活状况和悲惨境遇，如"在长辛店下车的时候，我见了许多灾民——男女老幼的麕聚在站边的地方。那种憔悴枯黄的面色，千孔百结的衣服触在我的眼内，我的心就感着不快，表出一种痛苦的同情，不知在车上的那一种谈笑快乐心，和画画的兴趣，飞跑往那里去了，光觉得心中难受，好比我也在饥饿困苦中。我想起他们灾民在这严冬风寒雪冷，衣没有得穿，饭没有得食，屋没有得住，而那一班官吏政客资本家们却高楼大厦，衣锦食肉，还拥着他们的第几姨太太正围着炉子取乐，比那班灾民露天席地的受冻饿而死，其苦乐真有天渊的分别，唉，那真是社会上最不公道的事。为什么他们穷到那个地步呢？他们的财产给谁抢了去呢，我们捐了几个钱就可以救得他们吗？我有一句话要奉劝各位热心救灾的先生们，请你们放远一点，放大一点眼光，去谋他们永远的灾荒困穷，那就是根本打破社会上不公道的事，请各位设法子做去罢。"① 总之，这种政治上重重压迫和经济上层层盘剥的相同的苦难和共同的遭遇使得铁路工人们团结凝聚了起来。

第三，中国共产党宣传有效和组织得力是工人阶级团结组织起来的根本原因。仅依靠工人的团结还不足以取得革命的胜利，还需要正确的政治思想指导和引领。紧跟党走为工人阶级指明了政治方向，这是二七精神最重要的特点。二七惨案发生后，中国共产党发表了《中国共产党为吴佩孚惨杀京汉路工告工人阶级与国民》，明确提出帝国主义和封建军阀是中国工人阶级的敌人，而且还是全国人民争求自由的敌人；工人阶级和全国人民需要联合起来，团结一致，打倒杀害工人的封建军阀吴佩孚。中国共产党在上海成立的领导工人运动的总机关——中国劳动组合书记部，向全国各工会通电，号召全国工人对军阀"作最后之奋斗"，并在《中国劳动组合书记部敬告国民》中指出："工人们能以热血争自己的自由，他们一定也能以热血争全国人民之自由，从事反抗军阀政治，反抗外国侵略之战争，他们是我们的先锋呵！"呼吁全国人民迅速行动起来援助京汉铁路工人。在中国共产党的领导下，中国社会主义青年团、全国铁路总工会筹备委员会、全国海员总工会、全国工团工人自救会、各铁路工会、铁路工人罢工后援会，以及在各大城市中的各工团、学生会和学生联合会纷纷发表通电和宣言，举行罢工和游行示威活动，声讨军阀罪行。此时，全国上下的工人们团结一致、共同对敌，显示出了巨大的威力。这充分说明，铁路工人们虽然分布在全国各个铁路线上，但都已经深刻认识到：只有在中国共产党的领带下，工人阶级实行大团结和大联合，才会凝聚起强大力量，予以敌人沉痛打击。

从本质来说，保持无产阶级和无产阶级政党内部的团结统一是马克思主义的一个基本原则，同时也是争取革命胜利的首要保证。马克思曾在《道德化的批评和批评化的道德》一文中提到："工人阶级的团结就是工人胜利的首要前提。"② 恩格斯则进一步指出："为了进行斗争，我们必须把我们的一切力量拧成一股绳，并使这些力量集中在同一个攻击

---

① 邓中夏. 邓中夏全集（上）[M]. 北京：人民出版社，2014.
② 中共中央马克思恩格斯列宁斯大林著作编译局. 马克思恩格斯全集（第4卷）[M]. 北京：人民出版社，1958.

点上。"① 列宁对此有着相同的看法，"无论为了尽快地实现无产阶级的最终目的，还是为了在现存的社会基础上坚定不移地进行政治斗争和经济斗争，战斗的无产阶级最亲密无间的团结都是绝对必要的"②。1938年，毛泽东在《中国共产党在民族战争中的地位》中进一步指出："中国共产党内部的团结，是团结全国人民争取抗日胜利和建设新中国的最基本的条件。经过了十七年锻炼的中国共产党，已经学到了如何团结自己的许多方法，已经老练得多了。这样，我们就能在全国人民中形成一个坚强的核心，争取抗日的胜利和建设一个新中国。"③ 然而，只有自身内部团结是远远不够的。中国共产党自成立以来，不仅重视自身内部的团结一致，而且还善于团结其他社会团体，始终与人民群众站在一起，结成最为广泛的力量，来实现不同阶段的奋斗目标。

自党的十八大以来，习近平总书记在多个场合强调了团结奋斗的重要作用。例如，在二〇二二年春节团拜会上的讲话中，习近平总书记指出："一百年来，党和人民取得的一切成就都是团结奋斗的结果，团结奋斗是中国共产党和中国人民最显著的精神标识。百年奋斗历史告诉我们，团结就是力量，奋斗开创未来；能团结奋斗的民族才有前途，能团结奋斗的政党才能立于不败之地。百年奋斗历史还告诉我们，围绕明确奋斗目标形成的团结才是最牢固的团结，依靠紧密团结进行的奋斗才是最有力的奋斗。我们靠团结奋斗创造了辉煌历史，还要靠团结奋斗开辟美好未来。只要14亿多中国人民始终手拉着手一起向未来，只要9500多万中国共产党人始终与人民心连着心一起向未来，我们就一定能在新的赶考之路上继续创造令人刮目相看的奇迹！"④

团结一致、和衷共济、共同奋斗的精神品格始终是我们党宝贵的精神财富，值得我们认真学习领会，在实践中身体力行，自觉树立起团结意识、协作意识、奋斗意识，凝聚起磅礴伟力，争取在实现第二个百年

---

① 中共中央马克思恩格斯列宁斯大林著作编译局．马克思恩格斯全集（第33卷）[M]．北京：人民出版社，1973.

② 中共中央马克思恩格斯列宁斯大林著作编译局．列宁全集（第7卷）[M]．北京：人民出版社，1986.

③ 毛泽东．毛泽东选集（第2卷）[M]．北京：人民出版社，1991.

④ 习近平．在二〇二二年春节团拜会上的讲话 [EB/OL]．新华网，http://www.xinhuanet.com/2022-01/30/c_1128316912.htm，2022-01-30.

奋斗目标的新征程上创造新的辉煌。

（二）二七精神进一步坚定了工人阶级的革命和建设信念

中国共产党人伟大精神中，有许多从不同侧面反映共产党员、劳动人民的信仰。例如，长征精神里表现的坚定信仰曾通过歌曲传遍全国，"雪皑皑，野茫茫，高原寒，炊断粮。红军都是钢铁汉，千锤百炼不怕难。雪山低头迎远客，草毯泥毡扎营盘。风雨侵衣骨更硬，野菜充饥志越坚。官兵一致同甘苦，革命理想高于天。"这首脍炙人口的《过雪山草地》已经伴随了几代人的成长，诗歌讲述并歌颂了 1934 年 10 月至 1936 年 10 月期间，中国工农红军在长征途中苦战穷山恶水，笑对饥寒交迫，凭借着无比忠诚、坚定不移的革命信念，斩关夺隘，抢险飞渡，冲破了国民党军队的围追堵截，转战十余省，最终胜利到达陕北的英雄事迹。是什么能够让中国工农红军拥有钢铁般的意志及超人般的毅力和勇气，创造了人类文明史上的伟大壮举，书写了气壮山河的恢宏史诗呢？答案是：信仰的力量和真理的光芒。

"志之所趋，无远弗届，穷山距海，不能限也。志之所向，无坚不入，锐兵精甲，不能御也。"理想信念是精神上的钙。信念坚定，可以使人透过层层阴霾而不迷失方向，克服重重困难而不放弃希望；信仰迷茫，就会使人精神迷失，得"软骨病"。理想信念是中国共产党人的精神支柱和政治灵魂。我们党从诞生之日起，就把马克思主义鲜明写在自己的旗帜上，把实现共产主义确立为最高理想，把为中国人民谋幸福、为中华民族谋复兴作为自己的初心使命，并一以贯之体现到党的全部奋斗中。一百年来，我们党之所以历经沧桑而风华正茂、饱经磨难而生机勃勃，书写出中华民族几千年历史上最恢宏的史诗，靠的就是广大共产党人对理想信念的坚定追求和对初心使命的执着坚守。①

对共产主义远大理想的执着坚守和对马克思主义真理的坚定追求在整个京汉铁路大罢工运动中都得到了集中体现。俄国十月革命后，李大钊先后发表《庶民的胜利》《布尔什维主义的胜利》《现代青年活动的方向》等文章，热情赞颂俄国十月革命的胜利，他满怀信心地指出：

---

① 《中共中央关于党的百年奋斗重大成就和历史经验的决议》辅导读本［M］．北京：人民出版社，2021.

俄国革命是 20 世纪革命的先声，"试看将来的环球，必是赤旗的世界"。在中国劳工问题方面，李大钊提出知识阶级特别是知识青年要打起精神来，注重与群众相结合，同劳工阶级打成一片，唤起民众，开展民众运动。在俄国十月革命的影响和李大钊的号召下，一些初步具备共产主义思想的先进知识分子纷纷到群众中，在工人群众中积极宣传马克思主义，播撒理想信念的种子，开展工人运动。

京汉铁路工人运动同知识分子结合最早是在长辛店开始的。1918年，华法教育会开展了留法勤工俭学活动，经蔡元培等人沟通，"高等法文专修馆长辛店分馆工业科"即留法勤工俭学预备班在长辛店设立。预备班实行半工半读制，学员半天学习法语，半天着工作服在厂里学习工业技能和生产知识，与工人一起劳动。毛泽东就曾多次到长辛店了解学员学业、住宿情况、生产细节、工作时间、生活待遇、学员同工人之间的关系等情况。1919 年 3 月，毛泽东再次来到长辛店，在学员宿舍中向学员和工人详细介绍了十月革命后苏俄工人阶级成为了国家主人，中国工人阶级应该向苏俄学习，组织起来，团结一致，争取增加工资、减少工时、提高待遇，同国内的资产阶级开展斗争。此外，毛泽东还讲述了长沙工人夜校的经验，向工人们阐明只有唤醒广大工人阶级起来斗争才可以救中国的道理。

1919 年 10 月，在"救国十人团"骨干成员武明科、史文彬的倡导和推动下，长辛店平民学校成立，作为演讲团的固定场所。由于长辛店学员在中间的沟通，邓中夏、张国焘等与京汉铁路工人产生了联系。其中，党的工人运动领袖邓中夏早在北京大学求学时，就已经开始了工人运动工作。在长辛店，为有效提高长辛店工人的文化水平和阶级觉悟，邓中夏做了以下工作：一是创办工人学校。邓中夏在长辛店创办了工人劳动补习学校，对工人进行阶级教育、劳动教育、团结教育，并经常亲自到长辛店给工人们上课。1921 年 1 月，邓中夏在给工人们上课时，"当他讲到工人做工最伟大时候，有些工人就转不过弯来，问他：工人做工最伟大，我们怎么看不出来呢？他说：资本家住的房子是谁盖的，火车是谁开的，军阀打仗用的枪炮是谁造的……那一个不是工人造的，离开工人做工，世界上能有什么呢？又有工人问邓中夏，工人为什么受穷呢？他接着说：这倒不是命中注定的，也不是八字不好，是军阀和厂主剥削的。资本家他们吃香的喝辣的，住楼房，都是工人的血汗换来的。资本家享受，工人受穷是世界上最大的不合理。对于这个不合理社会怎么办？邓中夏号召工人团结起来去斗争。他很形象地说，俗话说'五人团结一只虎，十人团结一条龙，百人团结像泰山，谁也搬不动'"。① 二是创办各种刊物。为积极传播马克思主义和革命思想，帮助工人阶级提高阶级觉悟，树立起对共产主义的信仰，邓中夏创办了《青年工人》《工人之路》《劳动音》《先驱》等刊物，并把这些刊物带到长辛店供工人们查阅，以此来介绍新鲜事物，传播新理念，这在工人中间产生了很强的吸引力。三是积极给进步刊物撰稿。邓中夏不仅自己创办刊物，而且主动为《中国青年》《新民国》《新建设》《平民周报》等其他进步刊物撰写进步文章。

与此同时，由李大钊、邓中夏、张国焘、罗章龙、王光祈、何孟雄、朱务善、陈为人等先进的知识分子组成的北大平民教育讲演团经常到长辛店了解工人的生活状况，讲授知识，唤起工人觉悟。为了能够让工人们更加快速了解社会主义，掌握马克思主义的真理，北京马克思学说研究会将马克思、列宁的著作用通俗的语言翻译成中文，油印成书，向工人散发。

各地共产主义小组成立后，也纷纷出版刊物来加强对工人阶级的马克思主义思想宣传和灌输。《劳动界》《伙友》《劳动者》《工人周刊》等小册子不仅刊登了有关马克思主义基本原理的通俗讲解，还宣传报道了工人阶级悲惨生活的状况，对帝国主义、封建主义和官僚资本主义进行了无情揭露。这些工人们每天必读的刊物帮助工人们破除了封建迷信思想，打破了地域的界限，消除了帮派阻碍，了解了世界大势，被誉为是"工人的喉舌"。

中国共产党人用坚韧不拔的毅力，克服了重重困难，将马克思主义的真理和共产主义的理想灌输到工人群众中去。经过长期的努力，京汉铁路工人的阶级意识得到增强，对共产主义的理想也有了较为深刻的认识，团结组织起来斗争的愿望也更加强烈。对工人阶级进行宣传教育，帮助其掌握马克思主义的科学真理，树立社会主义意识和共产主义远大

---

① 选自马建群的《邓中夏同志在长辛店》一文。

理想，是克服工人阶级自身缺点、完成自身历史使命的必然之举。具体而言，"近代中国工人阶级具有一般无产阶级共同的特点和优点，又具有半殖民地半封建社会历史条件下形成的一些不同于一般资本主义国家无产阶级的特殊的优点和弱点。它的基本优点和特点，是它的阶级本质的表现，是最主要最进步的方面；它的弱点则是外部环境、条件给予它的影响和限制。发扬优点，克服自己的弱点，是工人阶级在争取自己和全人类的解放、完成自己历史使命的伟大事业中，始终需要注意的重要课题，同时也是工人阶级的事业能够顺利前进，直至最后胜利的保证。在不同的时期，不同的革命和建设中，如何发扬工人阶级的优点、克服它的弱点，是一个复杂的问题，需要在实际斗争和工作中，不断总结经验，研究解决。这里的关键是，工人阶级必须在马克思列宁主义政党的领导下，不断地提高自己的阶级觉悟，不断地提高实际斗争，在改造客观世界的同时改造自己的主观世界"。①

科学的理想信念犹如人生道路上的灯塔，能够给人以前行的方向和动力。二七精神所包含的对革命理想无比忠诚、坚定不移的革命信念成为激励着一代又一代中国共产党人前仆后继、追求光明的不竭动力。自党的十八大以来，习近平总书记多次论述了坚定信仰的重要作用。在庆祝中国共产党成立95周年大会上的讲话中，习近平总书记指出："坚持不忘初心、继续前进，就要牢记我们党从成立起就把为共产主义、社会主义而奋斗确定为自己的纲领，坚定共产主义远大理想和中国特色社会主义共同理想，不断把为崇高理想奋斗的伟大实践推向前进。""革命理想高于天。中国共产党之所以叫共产党，就是因为从成立之日起我们党就把共产主义确立为远大理想。我们党之所以能够经受一次次挫折而又一次次奋起，归根结底是因为我们党有远大理想和崇高追求。"②

"志不立，天下无可成之事。"对信仰的坚定和对真理的追求体现的是中国共产党人的精神支柱、政治灵魂和崇高境界。历史已经充分证明，"有了远大理想和崇高追求，就会坚强有力，无坚不摧，无往不

① 刘明逵，唐玉良：中国工人运动史（第1卷）[M]．广州：广东人民出版社，1998.
②④ 习近平．在庆祝中国共产党成立95周年大会上的讲话[N]．人民日报，2016-07-02（002）．

胜，就能经受一次次挫折而又一次次奋起"。① 因此，"理想之光不灭，信念之光不灭。我们一定要铭记烈士们的遗愿，永志不忘他们为之流血牺牲的伟大理想。"④

（三）二七精神激发工人阶级的斗争意志

从近年来的国际形势看，未来发展趋势可能更复杂，斗争、矛盾等多种因素交织在一起，增添了形势的不明朗，引起一些人的担忧。在这种情况下，更需要明确方向，提升斗争意识，振奋斗争精神，看到光明前景，树立坚定信心，不被矛盾、危机所吓倒。辩证唯物主义认为，矛盾是构成一切事物发展变化的动力源泉和根本原因，其具有普遍性，无处不在、无处不有。正如毛泽东在《矛盾论》中所言："一切事物中包含的矛盾方面的相互依赖和相互斗争，决定一切事物的生命，推动一切事物的发展。没有什么事物是不包含矛盾的，没有矛盾就没有世界。"② 而解决矛盾的办法除发展以外，主要依靠斗争。这是因为"矛盾的斗争贯穿于过程的始终，并使一过程向着他过程转化，矛盾的斗争无所不在，所以说矛盾的斗争性是无条件的、绝对的"。③ 可见，相较于发展等手段，斗争是促进矛盾的对立面相互转化，使矛盾得到解决的根本方法。用这一基本原理来观察社会历史领域，就体现为"没有对抗就没有进步。这是文明直到今天所遵循的规律"。④ 也就是说，"社会是在矛盾运动中前进的，有矛盾就会有斗争"。⑤ 作为无产阶级革命的领导阶级，工人阶级是先进生产力的代表，具有远大前途，能够在各个方面起到模范带头作用，为全体人民的共同利益而奋斗。消灭私有制，大力发展生产力，促进人的全面发展，实现全人类的解放是历史赋予工人阶级的历史使命。要把这一远大目标变成现实，就必须要敢于斗争，善于斗争，讲求斗争策略，顽强拼搏；否则，就会葬送革命事业，实现共产主义只能是停留在纸面上的美好愿望。

---

① 习近平. 习近平谈治国理政（第3卷）［M］. 北京：人民出版社，2020.

②③ 毛泽东. 毛泽东选集（第1卷）［M］. 北京：人民出版社，1991.

④ 中共中央马克思恩格斯列宁斯大林著作编译局. 马克思恩格斯全集（第4卷）［M］. 北京：人民出版社，1958.

⑤ 决胜全面建成小康社会 夺取新时代中国特色社会主义伟大胜利［N］. 人民日报，2017-10-19（002）.

马克思、恩格斯在《共产党宣言》中指出了共产党的历史使命："在无产阶级和资产阶级的斗争所经历的各个发展阶段上，共产党人始终代表整个运动的利益""使无产阶级形成为阶级，推翻资产阶级的统治，由无产阶级夺取政权"。① 这就明确了无产阶级政党是革命的领导主体。在整个京汉铁路大罢工运动中，带领广大工人阶级冲锋在前、英勇斗争、顽强拼搏的不是别的什么党派和团体，只能是中国共产党。这主要体现为以下三个方面：

第一，明确罢工斗争的目标和口号。1925 年 12 月 1 日，毛泽东在《中国社会各阶级的分析》一文中提到："谁是我们的敌人？谁是我们的朋友？这个问题是革命的首要问题。中国过去一切革命斗争成效甚少，其基本原因就是因为不能团结真正的朋友，以攻击真正的敌人。"② 这就表明，确立斗争目标是开展工人罢工运动的首要问题。

"美哉自由，世界明星，拼吾热血，为他牺牲，要把强权制度一切扫除净，记取五月一日之良辰。红旗飞舞，走光明路，各尽所能，各取所需，不分贫富贵贱，责任唯互助，愿大家努力齐进取。"这首朗朗上口的《五一纪念歌》是由长辛店劳动实习学校的教员和北京大学进步学生共同创编的，歌词反映了起初工人罢工的直接目的：改善工作环境，提高生活待遇。在党的多方努力下，工人群众阶级觉悟逐步增强，文化水平逐渐提高，后来斗争目标逐渐发展为要为取得政治权力而斗争，要把争人权、争自由、取得工人阶级自身的解放作为斗争的出发点。在京汉铁路大罢工运动中，罢工就明确打出了"打倒帝国主义、打倒军阀统治"的口号。③ 张太雷后来对此评价说：二七运动是由京汉铁路工人所发动的，但是其目标是争人民大众都要争的集会结社的自由，所以二七运动是全国国民的运动，这开启了中国国民运动的新纪元。

第二，组织成立总工会，加强对罢工运动的直接领导。中国共产党从成立的第一天起，就确立了党的中心任务是从事工人运动，随后成立

① 中共中央马克思恩格斯列宁斯大林著作编译局 . 马克思恩格斯文集（第 2 卷）[M] . 北京：人民出版社，2009.

② 毛泽东 . 毛泽东选集（第 1 卷）[M] . 北京：人民出版社，1991.

③ 中国铁路史编辑研究中心，全国铁路总工会工运理论政策研究室 . 二七革命斗争史 [M] . 北京：当代中国出版社，1993.

中国劳动组合书记部来作为党公开领导工人运动的机关。"第一次全国工人运动高潮蓬勃发展和封建军阀混战加制的形势下，根据产业组合原则的需要和工人阶级团结斗争的要求，中国共产党坚定不移地积极领导京汉铁路工人进行京汉铁路总工会的筹建工作。从1922年4月到1923年1月，先后举行三次总工会筹备会议，全力推进京汉铁路总工会的筹建工作，整饬划一了京汉铁路会组织，开展了罢工斗争，粉碎了交通系和直系军阀的干扰破坏，从而加强了京汉铁路人的团结，促进了工人队伍的联合，发展了第一次全国工人运动高潮的形势，为京汉铁路总工会的诞生创造了条件。""京汉铁路从筹备总工会到总工会成立大会，从成立大会遭到破坏到举行京汉铁路工人总同盟大罢工，都是由中国共产党直接组织和指挥的。"①

第三，党员直接参与指挥罢工运动。"中共中央特派代表张国焘，中共北方区委委员罗章龙，中共北方区委工业代理书记王仲一，中共武汉区委书记陈潭秋，江岸党小组长项德隆，汉口党小组长林育南，长辛店党支部书记史文彬，中共党员李求实、施洋、许白昊（汉阳党小组负责人）、刘光国（徐家棚党小组长）、李震瀛、唐际盛、恽代英、张绍康、陈天（后叛变）等，都直接参与了组织指挥。中共北方区委书记李大钊在罢工前后适逢在武汉讲学，他曾和陈潭秋、施洋、李汉俊等一起研究罢工的准备工作，制定斗争策略，了解斗争情况。毛泽东在长沙发动湖南人民支援京汉铁路工人。一大批工人党员都是在群众中带头冲锋陷阵，为争全国人民的自由和权利奋不顾身，甚至献出了自己宝贵的生命。"② 在二七大罢工的领导者和组织者中，虽然有的人后来脱离了革命队伍，有的甚至走上了相反的道路，但在组织和领导罢工，推动工人运动发展的具体事件上，曾经发挥过积极作用。

在长期的革命斗争和建设事业中，中国共产党人历来不怕牺牲、不畏艰险、迎难而上，知重负重、不计得失，不推诿、不扯皮、不退缩，永远冲锋在前。这些在京汉铁路大罢工运动中以及后来的历史中已经得到了很好说明。

---

①② 中国铁路史编辑研究中心，全国铁路总工会工运理论政策研究室. 二七革命斗争史[M]. 北京：当代中国出版社，1993.

　　站在新时代的潮头，我们应当把革命英烈、先锋模范、优秀党员的英名和伟绩铭记在心，使之转化为实现第二个百年奋斗目标的强大精神动力。正如习近平总书记所言："敢于斗争、敢于胜利，是中国共产党不可战胜的强大精神力量。"① 中国特色社会主义进入新时代，进行具有许多新的历史特点的伟大斗争，依然需要继续发扬顽强拼搏、勇当先锋的斗争精神，这是因为"从中国共产党百年奋斗史来看，'斗争'内涵既指中国共产党领导的新民主主义革命及社会主义革命等阶级斗争和狭义的政治革命，又指包括生存斗争、科学实验等社会主义现代化建设和改革开放等广泛的社会革命以及自我革命"。② 因此，"我们党要团结带领人民有效应对重大挑战、抵御重大风险、克服重大阻力、解决重大矛盾，必须进行具有许多新的历史特点的伟大斗争，任何贪图享乐、消极懈怠、回避矛盾的思想和行为都是错误的。全党要更加自觉地坚持党的领导和我国社会主义制度，坚决反对一切削弱、歪曲、否定党的领导和我国社会主义制度的言行；更加自觉地维护人民利益，坚决反对一切损害人民利益、脱离群众的行为；更加自觉地投身改革创新时代潮流，坚决破除一切顽瘴痼疾；更加自觉地维护我国主权、安全、发展利益，坚决反对一切分裂祖国、破坏民族团结和社会稳定的行为；更加自觉地防范各种风险，坚决战胜一切在政治、经济、文化、社会等领域和自然界出现的困难和挑战"。③

　　"千淘万漉虽辛苦，吹尽狂沙始到金。"新时代新征程更需要继续弘扬顽强拼搏、勇当先锋的斗争精神，击鼓催征、奋楫扬帆，推动党和国家事业取得新的成就，继续为全面推动中华民族伟大复兴而团结奋斗。习近平总书记强调："中华民族伟大复兴，绝不是轻轻松松、敲锣打鼓就能实现的。全党必须准备付出更为艰巨、更为艰苦的努力。"④目标越是宏伟，道路就越是艰辛。因此，"面对新形势新挑战，要发扬斗争精神，既要敢于斗争，又要善于斗争"。二七精神中的斗争精神蕴

　　① 习近平. 在庆祝中国共产党成立 100 周年大会上的讲话 ［M］. 北京：人民出版社，2021.

　　② 陈锡喜. 论新时代进行伟大斗争的内涵、外延和战略思维 ［J］. 毛泽东邓小平理论研究，2021（9）：10-18+108.

　　③④ 决胜全面建成小康社会　夺取新时代中国特色社会主义伟大胜利 ［N］. 人民日报，2017-10-28（001）.

藏着巨大能量，虽历经百年，但依旧光芒不减。解决新时代中国特色社会主义前行道路上的艰难险阻和风险考验，需要在坚定"四个自信"的基础上，还要有历史自信，要继续弘扬顽强拼搏、勇当先锋的斗争精神，磨炼斗争意志，聚焦中国社会主要矛盾的新变化，坚持问题意识和问题导向，"敢于担当、敢于斗争，保持斗争精神、增强斗争本领，年轻干部要到重大斗争中去真刀真枪干。各级领导班子和领导干部要加强斗争历练，增强斗争本领，永葆斗争精神，以'踏平坎坷成大道，斗罢艰险又出发'的顽强意志，应对好每一场重大风险挑战，切实把改革发展稳定各项工作做实做好"。①

（四）二七精神铸牢为人民服务的奉献理念

1944 年 9 月 5 日，中共中央警备团战士张思德在陕北安塞县烧炭，不幸因炭窑崩塌而牺牲。8 日，在张思德的追悼会上，毛泽东亲笔题写了"向为人民利益而牺牲的张思德同志致敬"的挽联，并做了题为《为人民服务》的演讲。在讲话中，毛泽东对张思德的一生做出了极高的评价，"我们的共产党和共产党所领导的八路军、新四军，是革命的队伍。我们这个队伍完全是为着解放人民的，是彻底地为人民的利益工作的。张思德同志就是我们这个队伍中的一个同志。人总是要死的，但死的意义有不同。中国古时候有个文学家叫作司马迁的说过：'人固有一死，或重于泰山，或轻于鸿毛。'为人民利益而死，就比泰山还重；替法西斯卖力，替剥削人民和压迫人民的人去死，就比鸿毛还轻。"②"要奋斗就会有牺牲，死人的事是经常发生的。但是我们想到人民的利益，想到大多数人民的痛苦，我们为人民而死，就是死得其所。"③"只要我们为人民的利益坚持好的，为人民的利益改正错的，我们这个队伍就一定会兴旺起来。"④ 这次讲话概括了中国共产党的宗旨和共产党人的价值观、人生观和生死观，显示出了中国共产党人一心为民、坚持人民至上的炽热情怀和根本立场。

中国共产党人这种忠诚为民、不怕牺牲，为着人民群众的利益而不

① 中共中央党史和文献研究院，中央"不忘初心、牢记使命"主题教育领导小组办公室. 习近平关于"不忘初心、牢记使命"论述摘编［M］. 北京：党建读物出版社，中央文献出版社，2019.

②③④ 毛泽东. 毛泽东选集（第 3 卷）［M］. 北京：人民出版社，1991.

懈奋斗的精神，在京汉铁路大罢工运动中得到了最有力的体现。基于工人群众毫无民主权利、工资待遇极低、劳动环境极端恶劣的状况，根据党的规定，1922 年 5 月，由中国劳动组合书记部发起的第一次全国劳动大会在广州举行。来自全国各地不同的工会组织有 110 多个，到会 173 人，代表了全国 12 个城市共计 27 万会员。其中，邓中夏作为长辛店的代表参加了这次会议。大会接受了中国共产党提出的"打倒帝国主义""打倒封建军阀"的政治目标和口号，通过了《八小时工作制》《罢工援助》《全国总工会组织原则》等决议案。在此基础上，同年 8 月，根据中共二大的会议精神，加紧把为工人争取政治权利、改善工人待遇的问题提上议事日程，邓中夏等同志代表中国劳动组合书记部起草了《劳动法大纲》，"要求政府承认劳动者有集会结社权、同盟罢工权，有缔结团体契约权、国际联合权，要求实行八小时工作制，保障工人最低工资，保护童工女工，实行劳动保险，实行工人参加企业管理，给工人休息权及受教育的机会等等"。① 《劳动法大纲》在《晨报》上刊登后，立即在全国得到了积极热烈的响应。长辛店工人俱乐部认为这份劳动法案"我等当万众一心，一致主张，誓不达目的不止"，并敦促当局"从速制定劳动法典"。为进一步扩大《劳动法大纲》在工人群众中的影响，长辛店工人俱乐部还发出传单来说明以立法保护工人权益的重要性，"这个劳动法，是我们劳动者生死关头的一桩事，有了这个劳动法，我们就能够得到很大的幸福，没有了这个劳动法，我们就会永远地被铁链锁着颈，过那十八层的奴隶生活了"。因此，俱乐部号召工人应当加紧团结起来，作为中国劳动组合书记部的后援，向国会提出自己的合理请求，不达目的不罢休。

这次劳动立法运动是中国共产党领导开展的一次斗争，所制定的《劳动法大纲》成为罢工高潮中的纲领性文件，开启了以法律形式为工人阶级争取合法权益的先河。可遗憾的是，在封建军阀控制的国会中，只有少数议员向国会提出了保护劳工的法案，工人群众的权益依然不能得到实现。既然如此，那么工人阶级就只能束手就擒、听之任之、无计可施了吗？答案自然是否定的。

① 姜平. 邓中夏的一生［M］. 南京：南京大学出版社，1986.

1923 年 2 月 4 日，按照总工会的命令，京汉铁路 3 万余名工人举行了总同盟罢工。长达 1200 多千米的京汉铁路，其所有客车、货车、军车、车站、桥梁、工厂、道棚全部陷入瘫痪。直系军阀吴佩孚得知后惊恐万分，调集军警在铁路沿线对罢工运动进行了血腥的武力镇压。2 月 7 日，纠察队副队长葛树贵带领 3000 多名工人到警察局要求释放被捕工人，却遭到军警开枪射击，当场牺牲。在斗争过程中，敌人将京汉铁路总工会江岸分会委员长、共产党员林祥谦捆在车站电线杆上，以死亡相威胁，逼迫其下令复工，但遭到严词拒绝，最终被残酷杀害。另一位优秀的共产党员施洋被捕后，在狱中仍然坚持斗争，凭借着惊人的毅力写下数千字的《伯高狱中七日记》（施洋，字伯高）。1923 年 2 月 15 日，在武汉洪山脚下，随着一声高亢的"劳工万岁"的口号，年仅 34 岁的施洋倒在了敌人的枪声中。封建反动军阀对二七大罢工的残酷镇压并没有使共产党人退缩和屈服，中国共产党人和工人群众在罢工中所展现的这种忘我牺牲、勇敢斗争的精神为整个工人阶级树立了光辉的榜样。

铮铮誓言铸党魂，拳拳红心鉴忠诚。在京汉铁路大罢工运动中，中国共产党人所展现出的忠诚为民、不怕牺牲、英勇斗争的精神至今令人感慨、催人奋进。这种精神品质并不是在二七精神中的个别现象，而是贯穿了整个党的历史。在波澜壮阔的百年党史中，从来不缺乏忠诚为民、不怕牺牲、无私奉献的英雄人物和感人事迹。新四军联络部部长朱克靖因叛徒出卖不幸被捕，在狱中表示宁愿为人民慷慨赴死，也绝不愿投降，大义凛然写下了"此身早许国，被卖作楚囚。壮士非无泪，不为断头流！一颗为民心，万古终不泯。身心献党国，一死何足愁！"中共安徽省委第一任书记王步文在被捕后，断然拒绝了反动当局给出的高官厚禄，始终坚贞不屈，在就义前高声诵读自勉挽联："是革命家，是教育家，怀如此奇才，生而无愧；为革命死，为大众死，仗这般大义，死又何妨！"这些铮铮誓言是中国共产党人忠诚于党、忠诚于人民的生动诠释，同时也是新时代激励我们继续前进的政治宣言。

"鲜红的党旗上凝结着革命英烈的鲜血，共和国的旗帜上飞扬着先进模范的丰采。"从张思德到雷锋，从"县委书记的好榜样"的焦裕禄到"领导干部的楷模"的孔繁森，从"两弹一星"的邓稼先到"杂交水稻之父"的袁隆平，他们用生命践行了全心全意为人民服务的宗旨，留下了永远做人民勤务员的光辉事迹。

刘少奇在《关于修改党章的报告》中指出："中国共产党只有当它是站在全体人民的利益上，而不仅是站在本阶级当前部分的利益上，只有当它是组织与团结整个民族与全体人民，而不仅是组织与团结本阶级来进行奋斗，它才能胜利。"① 自党的十八大以来，我们党继续秉持"忠诚、为民、公正、廉洁"的核心价值观念，把全心全意为人民服务的根本宗旨不断推向深入。党的十九届六中全会指出："党的根基在人民、血脉在人民、力量在人民，人民是党执政兴国的最大底气。民心是最大的政治，正义是最强的力量。党的最大政治优势是密切联系群众，党执政后的最大危险是脱离群众。党代表中国最广大人民根本利益，没有任何自己特殊的利益，从来不代表任何利益集团、任何权势团体、任何特权阶层的利益，这是党立于不败之地的根本所在。只要我们始终坚持全心全意为人民服务的根本宗旨，坚持党的群众路线，始终牢记江山就是人民、人民就是江山，坚持一切为了人民、一切依靠人民，坚持为人民执政、靠人民执政，坚持发展为了人民、发展依靠人民、发展成果由人民共享，坚定不移走全体人民共同富裕道路，就一定能够领导人民夺取新时代中国特色社会主义新的更大胜利，任何想把中国共产党同中国人民分割开来、对立起来的企图就永远不会得逞。"②

我们党肩负着为人民谋福利的神圣职责和崇高使命，新时代依然需要树立忠诚为民、不怕牺牲的奉献精神，"全党必须永远保持同人民群众的血肉联系，站稳人民立场，坚持人民主体地位，尊重人民首创精神，践行以人民为中心的发展思想，维护社会公平正义，着力解决发展不平衡不充分问题和人民群众急难愁盼问题，不断实现好、维护好、发展好最广大人民根本利益"。③ 处在和平年代，虽不再需要党员流血牺牲，但在实际工作中，广大党员要树立为人民多做有益工作、多做贡献的价值理念，把为人民谋福利作为自己的最高目标和行动准则，学会不计较个人得失，以"我将无我，不负人民"的赤子之心和崇高情怀，

① 刘少奇. 刘少奇选集（上卷）［M］. 北京：人民出版社，1981.
②③ 中共中央关于党的百年奋斗重大成就和历史经验的决议［M］. 北京：人民出版社，2021.

全身心投入党和人民的事业中去。

三、二七精神在新时代的重要价值

"唯有精神上站得住、站得稳，一个民族才能在历史洪流中屹立不倒、挺立潮头。"① 党的十九届六中全会指出，党的百年奋斗锻造了走在时代前列的中国共产党，形成了以伟大建党精神为源头的精神谱系。作为伟大建党精神重要一脉的二七精神，不仅是我们党弥足珍贵的红色文化资源，同时也是"中国精神"的重要组成部分。全面深刻把握二七精神的核心内涵和时代价值，对于新时代传承红色基因、赓续红色血脉、掌握更为主动的精神力量具有重要的现实意义。

（一）学习领会二七精神是学四史、守初心、担使命的内在要求

历史是过去的现实；现实是未来的历史。在历史与现实的关系问题上，鲁迅曾有过精彩的论述："夫国民发展，功虽有在于怀古，然其怀也，思理朗然，如鉴明镜，时时上征，时时反顾，时时进光明之长途，时时念辉煌之旧有，故其新者日新，而其古亦不死。若不知所以然，漫夸耀以自悦，则长夜之始，即在斯时。"② 著名历史学家何兆武也有类似的看法，他说："过去的历史就并非是死的化石，而是今天仍然融化在我们的血液里，落实在我们的行动中。现在是从过去之中成长出来的，过去就活在现在之中。"③ 历史与现实的这种交错复杂的辩证统一关系决定了历史具有以史鉴今、资政育人、培根铸魂的重要作用。正所谓："'前事之不忘，后事之师也。'是以君子为国，观之上古，验之当世，参之人事，察盛衰之理，审权势之宜，去就有序，变化因时，故旷日长久而社稷安矣。"④

党史如镜，鉴照古今。历史是最生动、最有说服力的教科书。这是因为历史的进步总是依靠历史主体在解决问题的进程中得以实现的，并表现为从错到对，从乱到治，从失败到胜利，从胜利走向胜利的跨越。可以说，历史是一个民族安身立命的基础，记载着民族的过往，形塑着

---

① 习近平．党的伟大精神永远是党和国家的宝贵精神财富［J］．求是，2021（17）：4-20.
② 鲁迅．鲁迅全集（第1卷）［M］．北京：人民文学出版社，2005.
③ 何兆武．历史学两重性片论［J］．史学理论研究，1998（1）：4-15，159.
④ 司马迁．史记（第1册）［M］．北京：中华书局，1959.

民族的现在，也昭示着民族的未来。2021 年 11 月，在党的十九届六中全会上通过的《中共中央关于党的百年奋斗重大成就和历史经验的决议》指出："中国共产党自一九二一年成立以来，始终把为中国人民谋幸福、为中华民族谋复兴作为自己的初心使命，始终坚持共产主义理想和社会主义信念，团结带领全国各族人民为争取民族独立、人民解放和实现国家富强、人民幸福而不懈奋斗，已经走过一百年光辉历程。"①世界上没有哪一个政党像中国共产党这样"遭遇过如此多的艰难险阻，经历过如此多的生死考验，付出过如此多的惨烈牺牲"②。正是这些艰难险阻铸成了党的百年辉煌。

"欲知大道，必先为史。"新时代开展"四史"教育，目的在于充分发挥党史、国史、改革开放史、社会主义发展史以史鉴今、资政育人的作用，推动党和人民的事业不断发展。二七大罢工虽已远去，但所孕育的二七精神永远是党的传家宝，是开展"四史"教育活动的生动教材。在二七大罢工运动中，中国共产党为工人群众争取切身利益，不顾个人生命安危、不计个人得失，在罢工运动中挺身而出，发挥了冲锋在前、坚持斗争的先锋模范作用，他们所表现出的坚定信念、责任担当，是党宝贵的精神财富。

这一波澜壮阔的历史过程，不仅生动展现了百年来可歌可泣的英勇奋斗征程，而且还生动再现了中华人民共和国的成立与成长、改革开放的成功与成就、中国特色社会主义的创新发展与独特贡献。党史、国史、改革开放史和社会主义发展史虽然内容各有不同、各有侧重，但又是作为一个整体而存在的，因为其从整体上来看就是一部我们党团结带领全国人民为人民谋幸福、为民族谋复兴、为世界谋大同的实践历史，其中始终坚持党的领导、坚持以人民为中心是"四史"教育的主题主线。

坚定不移听党话、跟党走，坚持对马克思主义的信念，把践行习近平新时代中国特色社会主义思想当作首要政治任务，贯穿始终，努力做到忠诚而执着、至信而深厚；认真学习中国共产党"为工人权利挺身

---

① 中共中央关于党的百年奋斗重大成就和历史经验的决议［M］. 北京：人民出版社，2021.

② 习近平. 在党史学习教育动员大会上的讲话［M］. 北京：人民出版社，2021.

而出"的为民初心；认真学习中国共产党"同敌人斗争到底"的英雄气概，敢于正视矛盾，知重负重、攻坚克难。无论世情、国情、党情如何变化，中国共产党人的信仰不变。中国梦的发展与实现离不开科学信念的引导与支撑，我们以马克思主义为旗帜，在革命精神的传承中创造了一个又一个新的理论成果，中国人民突破重重困阻，扎根革命，促进建设，坚定不移地推进实现中国式现代化，取得了耀眼的成就，不断开辟当代中国马克思主义发展新境界。

（二）学习领会二七精神是坚定理想信念的必然之义

信念和信仰是集认知、情感、意志相统一，在基于一定认知和了解的基础上，人们对于某种事物或思想坚定不移并身体力行的心理态度和精神状态。科学的信仰、信念一旦形成，就会为人们提供强大的精神动力。信念、信仰与理想紧密相关。从字面上来看，理想是对未来事物的合理想象和希冀，抑或是对事物趋于最佳境界的不懈追求。理想是人类特有的精神产物，理想形成、发展于人们的实践活动，反映着对未来社会和自身发展状态的追求和向往，包含着人们的美好愿望和宏伟目标，是世界观、人生观、价值观在自我实现目标上的综合体现，具有必然性、社会性和阶级性等特征。理想来源于现实，又超然于现实。科学的理想能够激发人的潜力，使人们立足实际、着眼未来、激发创造，推动经济社会发展；如果理想缺失，那么就会使人失去奋斗方向，随波逐流。就两者的关系而言，信仰本质上是对一种价值理想的追求，理想以信念、信仰为基础，信念、信仰决定着理想的内容和方向。中国共产党人的理想信念是共产主义远大理想和中国特色社会主义共同理想的统一。习近平总书记在党史学习教育动员大会上的讲话中明确指出："对共产主义的信仰，对中国特色社会主义的信念，是共产党人的政治灵魂，是共产党人经受住任何考验的精神支柱。"① 这是因为，马克思主义以实现全人类的解放和共产主义为根本宗旨，是目前人类迄今为止最科学、最严密、最具生命力的理论体系，同时也是我们认识世界和改造世界的最为有效的思想武器。正如列宁所言："马克思学说具有无限力

---

① 习近平. 在党史学习教育动员大会上的讲话 ［M］. 北京：人民出版社，2021.

量，就是因为它正确。它完备而严密。"①

"人无精神则不立，国无精神则不强。"信仰信念在任何时候都至关重要。这是因为，无论是小到一个人、一个集体，还是大到一个政党、一个民族、一个国家，只要有了信仰，坚定信念、树立信心，就会愈挫愈奋、愈战愈勇，否则就会丧失斗志、不打自垮。2012 年 11 月 17日，习近平总书记在党的十八届中共中央政治局第一次集体学习时就强调了理想信念的作用，他指出："坚定理想信念，坚守共产党人精神追求，始终是共产党人安身立命的根本。对马克思主义的信仰，对社会主义和共产主义的信念，是共产党人的政治灵魂，是共产党人经受住任何考验的精神支柱。形象地说，理想信念就是共产党人精神上的'钙'，没有理想信念，理想信念不坚定，精神上就会'缺钙'，就会得'软骨病'。现实生活中，一些党员、干部出这样那样的问题，说到底是信仰迷茫、精神迷失。"② "一个政党有了远大的理想追求和笃定的初心使命，就能不断强大，做到无坚不摧、无往不胜；一名党员干部牢记理想信念和初心使命，就能坚持正确政治方向，做到'风雨不动安如山'。"③

"求木之长者，必固其根本；欲流之远者，必浚其泉源。""一切划时代体系的真正的内容都是由于产生这些体系的那个时期的需要而形成起来的。"④ 我们党在百年奋斗中，培育形成了一系列以"建党精神"为源头活水的各有特点的革命精神。这些伟大革命精神集中展现了党的坚定信念、根本宗旨、优良作风，是激励我们不懈奋斗的宝贵精神财富。新时代，习近平总书记对如何坚定理想信念做出了明确要求："坚定的理想信念，必须建立在对马克思主义的深刻理解之上，建立在对历史规律的深刻把握之上。""全党要深入学习马克思列宁主义、毛泽东思想、邓小平理论、'三个代表'重要思想、科学发展观，深入学习党

---

① 中共中央马克思恩格斯列宁斯大林著作编译局 . 列宁选集（第 2 卷）［M］. 北京：人民出版社，2012.

② 习近平 . 习近平谈治国理政［M］. 北京：外文出版社，2014.

③ 《中共中央关于党的百年奋斗重大成就和历史经验的决议》辅导读本［M］. 北京：人民出版社，2021.

④ 中共中央马克思恩格斯列宁斯大林著作编译局 . 马克思恩格斯全集（第 3 卷）［M］. 北京：人民出版社，1960.

的十八大以来党中央治国理政新理念新思想新战略，不断提高马克思主义思想觉悟和理论水平，保持对远大理想和奋斗目标的清醒认知和执着追求。我们要教育引导广大党员、干部把学习成果转化为提升党性修养、思想境界、道德水平的精神营养，做到真学真懂真信真用，在胜利和顺境时不骄傲不急躁，在困难和逆境时不消沉不动摇，牢牢占据推动人类社会进步、实现人类美好理想的道义制高点。"①

在这其中，二七精神是新民主主义革命时期我们党领导工人群众在同封建主义和帝国主义势力做斗争的过程中形成的宝贵精神财富，是"建党精神"的重要一脉，两者之间在政治立场、思想旗帜、根本原则、精神品格方面都具有内在逻辑契合性，是"源"与"流"的动态关系，其所包含的坚定信念、追求真理的创新精神就是坚定理想信念的深刻彰显。

中共中央组织部颁发的《中国共产党党内统计公报》显示，截至2021年6月5日，中国共产党党员总数已经达到9514.8万名，基层党组织共计486.4万个。面对这样一个大党，通过宝贵的二七精神来强魄铸魂，改善精神状态，增强凝聚力，就显得尤为必要。从先进的共产党人的伟大事迹中汲取理想信念的营养，不断滋养初心、锻造灵魂，从京汉铁路大罢工中涌现出来的英雄先锋、民族脊梁、道德楷模等优秀共产党员中汲取精神力量，培养锐意进取、奋斗不息、朝气蓬勃的精神状态和坚定不移的立场，更加"深刻认识红色政权来之不易、新中国来之不易、中国特色社会主义来之不易，深刻认识中国共产党为什么能、马克思主义为什么行、中国特色社会主义为什么好，不断坚定'四个自信'，不断增强历史定力，增强做中国人的志气、骨气、底气"。②

（三）学习领会二七精神是旗帜鲜明地反对错误思潮的重要举措

意识形态工作是实现国家利益的重要手段，是维护国家安全的重要屏障。我国的社会主义意识形态安全关系到整个社会局势的稳定与发

① 中共中央党史和文献研究院，中央"不忘初心、牢记使命"主题教育领导小组办公室.习近平关于"不忘初心、牢记使命"论述摘编［M］.北京：党建读物出版社，中央文献出版社，2019.

② 习近平.在党史学习教育动员大会上的讲话［J］.天津市工会管理干部学院学报，2021（2）：1-9.

展，是国家综合安全的基础环节与基础内容，特别是对国家整个精神文化领域安全有着重要影响。从内涵来看，意识形态是系统地、自觉地、直接地反映社会经济形态、政治形态的思想体系，是社会经济生活、政治生活在意识中的理论表现。意识形态在社会结构中属于观念上层建筑部分，包括政治经济法律思想、道德、艺术、宗教、哲学等，这些意识形态通过各自不同的形式反映现实的社会生活。政治经济法律思想、道德、艺术、宗教、哲学等意识形态有着不同的形式、内容与作用，彼此相互联系、相互补充、相互渗透、相互影响、相互制约，共同构成意识形态的有机整体，形成巨大的精神力量。

我们党自成立以来就高度重视意识形态工作的重要作用。毛泽东在党的八届十中全会上从事关党和国家前途命运的高度讲述了意识形态的重大作用，他指出："凡是要推翻一个政权，总要先造成舆论，总要先做意识形态方面的工作。革命的阶级是这样，反革命的阶级也是这样。"[1] 改革开放后，邓小平做出了要坚持四项基本原则、加快社会主义精神文明建设等一系列重要论述，强调要发挥精神的力量和意识形态的作用来凝聚力量，为改革开放和社会主义现代化事业服务。新时代，习近平总书记提出："一个政权的瓦解往往是从思想领域开始的，政治动荡、政权更迭可能在一夜之间发生，但思想演化是个长期过程，思想防线被攻破了，其他防线很难守住"。[2] 20 世纪八九十年代的东欧剧变就证明了上述论断的预见性和准确性。

意识形态工作极其重要和艰巨，必须旗帜鲜明地批驳各种反马克思主义的思潮。"改革开放以后，党坚持物质文明和精神文明两手抓、两手硬，推动社会主义文化繁荣发展，振奋了民族精神，凝聚了民族力量。同时，拜金主义、享乐主义、极端个人主义和历史虚无主义等错误思潮不时出现，网络舆论乱象丛生，一些领导干部政治立场模糊、缺乏斗争精神，严重影响人们思想和社会舆论环境。"[3] 一些错误思潮和极

---

① 毛泽东. 建国以来毛泽东文稿（第 10 册）［M］. 北京：中央文献出版社，1996.

② 中共中央文献研究室. 习近平关于社会主义文化建设论述摘编［M］. 北京：中央文献出版社，2017.

③ 中共中央关于党的百年奋斗重大成就和历史经验的决议［M］. 北京：人民出版社，2021.

端倾向经过重新包装来改头换面，企图混淆视听，并公然挑起对立，严重威胁我们国家意识形态安全、制度安全。在这其中，形形色色的历史虚无主义以虚无、丑化和污名化等卑劣手段，调侃英雄、戏说历史，制造思想混乱和内部分歧，以此割裂党与人民群众的联系，妄图否定党的领导。习近平总书记在党史学习教育动员大会上的讲话中指出："现在，一些错误倾向要引起警惕：有的夸大党史上的失误和曲折，肆意抹黑歪曲党的历史、攻击党的领导；有的将党史事件同现实问题刻意勾连、恶意炒作；有的不信正史信野史，将党史庸俗化、娱乐化，热衷传播八卦轶闻，对非法境外出版物津津乐道，等等。"

意识形态战争是特殊的战争，这方面的工作做不好，很容易出偏差。加强思想教育和意识形态工作不是一句空话，我们常说，人民有信仰，国家有力量，民族有希望。在不断加强党的自我革命和政治建设的同时，更要通过提高思想觉悟和认知水平的党员来影响人民群众，提高人民群众的思想觉悟、道德水准、文明素养，引导大家树立正确的历史观、民族观、国家观、文化观。

苏联历史学家茹科夫在《历史方法论大纲》就历史与意识形态的关系问题做出如下论述："历史已属于不能不处于意识形态斗争前沿的社会学科之列。"① 因此，认真学习领会二七精神是做好国家意识形态建设、维护国家意识形态安全、坚决抵制错误思潮的内在要求。习近平总书记指出："'志不立，天下无可成之事。'理想信念动摇是最危险的动摇，理想信念滑坡是最危险的滑坡。一个政党的衰落，往往从理想信念的丧失或缺失开始。我们党是否坚强有力，既要看全党在理想信念上是否坚定不移，更要看每一位党员在理想信念上是否坚定不移。95 年来，共产主义远大理想激励了一代又一代共产党人英勇奋斗，成千上万的烈士为了这个理想献出了宝贵生命。'砍头不要紧，只要主义真'，'敌人只能砍下我们的头颅，决不能动摇我们的信仰'，这些视死如归、大义凛然的誓言生动表达了共产党人对远大理想的坚贞。理想之光不灭，信念之光不灭。我们一定要铭记烈士们的遗愿，永志不忘他们为之

---

① E. M. 茹科夫. 历史方法论大纲［M］. 王灌，译. 上海：上海译文出版社，1988.

流血牺牲的伟大理想。"① 二七精神承载着红色记忆，流淌着红色血液，凝结着红色传统。我们要从二七精神中汲取前行力量，传承好红色基因，讲好红色故事，树立起正确的党史观，深刻理解党的领导是历史和人民的选择，始终坚定共产主义远大理想和中国特色社会主义共同理想，自觉增强辨别能力，从而克服党内和社会中可能存在的分歧，不断增进全党和全国各族人民的团结统一，同心同德、共克时艰，一同书写美好未来。

波澜壮岁欣回首，敢在人先又续征。京汉铁路大罢工不仅是党史上荡气回肠、光照千秋的华彩乐章，而且所铸就出的二七精神更是中国共产党人百折不挠、自强不息的集中体现。"紧跟党走，敢于斗争，团结奉献，勇当先锋"的二七精神是我们党一笔宝贵的精神财富，成为激励我们在实现第二个百年奋斗目标过程中的最好教材。通过加快推进二七精神融入新时代党员教育，积极推动二七精神融入高校育人全过程，坚持面向广大群众深度创新宣传手段等方面着手，用伟大的二七精神鼓舞新时代赶考之路的昂扬斗志、启迪智慧、增强干劲，必将能够创造新的历史业绩，续写出新时代的奋斗华章。

中华民族是历经磨难、不屈不挠的伟大民族，中国人民是勤劳勇敢、自强不息的伟大人民，中国共产党是敢于斗争、善于斗争、敢于胜利的伟大政党。历史车轮滚滚向前，时代潮流浩浩荡荡。历史只会眷顾坚定者、奋进者、搏击者，而不会等待犹豫者、懈怠者、畏难者。只要我们党把自身建设好，就一定能够引领承载着中国人民伟大梦想的航船破浪前进，胜利驶向光辉的彼岸。

历史已经并将继续证明，没有中国共产党的领导，民族复兴必然是空想。把人民放在心上，为人民办事，这就是最大的政治。我们党要始终成为时代先锋、民族脊梁，始终成为马克思主义执政党，自身必须始终过硬。唯有不断加强自我革命，才能保证党自身始终过硬。无论何时，党员都应更加自觉地坚定党性原则，勇于直面问题，敢于刮骨疗毒，消除一切损害党的先进性和纯洁性的因素，清除一切侵蚀党的健康

---

① 习近平．在庆祝中国共产党成立 95 周年大会上的讲话［M］．北京：人民出版社，2016.

肌体的病毒，不断增强党的政治领导力、思想引领力、群众组织力、社会号召力，确保我们党永葆旺盛生命力和强大战斗力，不断巩固全国各族人民大团结，加强海内外中华儿女大团结，形成同心共圆中国梦的强大合力。

后　记

习近平总书记指出，"百年前的工人，是受剥削最严重的，也是在中国革命中最英勇的"。二七大罢工正是当时中国工人阶级反抗封建反动势力最英勇的代表。2023 年是二七大罢工举行一百周年，在二七大罢工基础上形成的二七精神是中国工人阶级革命精神的重要内容。2022年春暖花开之际，中国社会科学院郑州市人民政府郑州研究院与中国社会科学院政治学研究所一起成立课题组，全面系统研究二七运动历史，总结弘扬二七精神，着力阐释中国共产党人精神谱系与二七精神的关系，结合新时代要求，力求提炼二七精神时代内涵，激励各族人民紧跟党走，踔厉奋发、勇毅前行。

中国共产党是中国工人阶级的先锋队。二七大罢工过去一百年了，工人阶级和广大劳动群众早已摆脱了被压迫、被剥削的命运，成为国家的主人，全心全意依靠工人阶级始终是中国共产党不可动摇的根本方针和政治原则。

如今，以京汉铁路为代表的中国铁路在中国式现代化建设中扮演着重要角色。京汉铁路贯穿中国南北，联通多个重要地区，带动沿线城乡发展，见证中国工业化、现代化的历程。以高铁为代表的中国铁路产业工人及更大范围的工人阶级，正在中国式现代化道路中引领现代化发展方向，发挥无可替代的重要作用。中国工人阶级继续以全新的面貌出现在世界舞台。

多年来，二七大罢工和二七精神一直吸引国内多地专家学者的关注和研究，积累了丰富的研究成果。为提炼和把握好二七精神与中国共产党精神谱系的关系，课题组参考借鉴了国内已有研究成果，在此深表谢意！

在调研和写作过程中，课题组多次召开研讨会，并赴郑州等地进行实地调研。期间得到了第十三届全国政协社会和法制委员会副主任、中央政策研究室原副主任张季同志的指导，得到了河南省郑州市相关部门和郑州铁路局机务段、《二七精神》编写组、长辛店二七纪念馆、武汉二七纪念馆、福建林祥谦烈士陵园等单位领导、专家等同志们的大力支持与协助。经济管理出版社的领导、编辑、校对、排版、美编等同志为本书的出版付出了许多辛劳。在此特向上述部门及同志表示衷心感谢！

张树华、樊建新负责全面统筹、修订和把关，孙华、冯钺、陈承新、张江山、王昊、吴霞、白秀峰、孔庚等同志合作分工，撰写了研究报告、绪论及全书各章。

一百年来，时代发生了天翻地覆的变化。二七大罢工发生于一百年前，但二七精神永存，并在新时代绽放升华。新征程上伟大的二七精神将激励我们在全面建设社会主义现代化国家、全面推进中华民族伟大复兴的道路上团结奋斗、奋勇前进。

二七精神是一个丰富的思想宝库，仍有许多珍贵的内容、材料、意义等待人们去发现、发掘、弘扬、传播。由于时间上的安排、疫情的影响和著者水平有限，书中难免有疏漏和不当之处，敬请读者批评指正。

二七精神研究课题组

2023 年 2 月

中国社会科学院郑州市人民政府
郑州研究院简介

中国社会科学院郑州市人民政府郑州研究院是中国社会科学院和郑州市人民政府共同建设的研究机构。旨在充分发挥中国社会科学院作为国家级智库和郑州市作为国家内陆地区开放创新前沿阵地优势，建设高水平、国际化的中国特色新型智库。

2017年9月15日，中国社会科学院与郑州市人民政府正式签署战略合作框架协议，成立郑州研究院。揭牌仪式暨第一次工作会议当日举行。郑州研究院院长由中国社会科学院副院长、党组成员蔡昉担任。郑州研究院的建设和发展全面依托中国社会科学院科学研究局及相关研究所、郑州市人民政府。本着"优势互补、注重实效、合作共赢"的原则，在合作期内，中国社会科学院在社科研究、人才培养、智库建设等方面与郑州市人民政府开展全面、实质性合作。郑州市人民政府为郑州研究院提供双方约定的办公场所、研究经费等资源。

郑州研究院丛书的出版是在郑州市人民政府提供优质的政务服务，郑州市发展和改革委员会为郑州研究院的发展保驾护航的大背景下产生的。本丛书中各篇文章作者本着文责自负的原则，对各自内容负责，由于经验不足，本丛书存在的缺点和瑕疵，欢迎并感谢各位读者和专家予以指导。